Canon 4

教改錯在哪裡？

我的陽謀

黃光國 著

目次

（自序）教改錯在哪裡？

黃光國

「重建教育連線」發表〈教改萬言書〉，並推出《誰捉弄了台灣教改？》一書之後，政府官員的標準反應是：「教改的大方向是正確的，但在執行上有偏差。」

教育的大方向是正確的嗎？要回答這個問題，必須先說清楚：「教改錯在哪裡？」

從本書的分析中，我們將可以很清楚地看出：教改人士從歐美國家引入的「能力取向」教育，如果成立實驗性質的學校，教師們有高度的共識，在取得家長同意後，有計畫地推行，並不斷評估推行的效果；這種「由下而上」的方向不但是正確的，而且值得加以鼓勵。

相反的，在教師們沒有共識的情況下，利用政治權力的威勢，假借諾貝爾獎得主的光環，沒有經過審慎的研究和評估，不管國內社會文化背景，不顧家長反對，硬是要全國數百萬學生當「教改白老鼠」，則所謂「能力取向」的教育很可能異化成爲「知識虛無主義」，這種「由上而下」的方向，不僅大錯特錯，而且將嚴重斫傷台灣未來的國家競爭力！

台灣地狹人稠，自然資源貧乏，唯一最可貴的資源就是人力。李遠哲以他偏頗的「教育理念」作爲基礎，結合許多對教育「一知半解」卻又徒有熱忱的教改人士，以全國學生作爲「白老鼠」，進行了一場爲期十年的大規模實驗；這不僅是以我們的下一代作爲賭注，而且是以台灣的未來作爲賭注！

本書共分八章，第一章指出「教改的大方向」爲什麼是錯的；第二章說明我在看出教改的錯誤之後，如何構思「我的陽謀」，以破除李遠哲的「寒蟬效應」。第三，第四兩章分別說明「重建教育連線」發表〈重建教育宣言〉及推出《誰捉弄了台灣教改？》的目的，以及它所達成的效果。

李遠哲的「教改理念」，可以說是一種素樸的「建構主義」。第五、六、七章是本書的重心，分別說明：教育改革以「建構主義」的哲學作爲基礎，一方面可以爲「政治正確」的目標服務，一方面卻可能使「能力取向」的教育異化成爲「知識虛無主義」，造成教育品質的低落，以及家長和教師無窮無盡的困擾。

本書最後收錄「重建教育連線」所發表的〈教改萬言書〉，呼籲「終結教改亂象，追求優質教育」。由於本書的主要目的是要指出：「教改錯在哪裡？」在瞭解李遠哲「教改理念」的謬誤之後，讀者可以再進一步推論：這種錯誤的「教改理念」，爲什麼會造成本章所指陳的種種「教改亂象」；我們又應當如何以「建構實在論」作爲基礎，推動台灣的教育重建工作。

在教改政策形成的過程中，所謂「師範體系」的教育界人士大多被排除在外；在教改推行的過程中，教師被列爲「改革的對象」；許多教改計畫，又要教師去執行。我們可以說：在台灣十年教改的歷史裡，教師的主體性是隱沒不彰的。

在本書第八章中，我以沉重的心情寫下「台灣教育重建之路」。在「重建教育連線」發起的這一系列行動中，我非常感謝有許多教育界人士敢於挺身而出，和我們一起發聲。未來全國教師們還得以「捨我其誰」的心情，主動承擔起台灣教育重建的艱鉅工作。我希望這本小書能夠讓大家看出台灣未來教育重建的方向。

二〇〇三年八月二十日

一、教改的大方向

今（二〇〇三）年七月二十日，「重建教育連線」召開記者會，發表〈重建教育宣言〉，並發起「終結教改亂象，追求優質教育」全民連署行動，引起了海內外華人社會的廣泛回響。翌日，TVBS「全民開講」主持人李濤邀請我上節目，他劈頭就問：「黃教授，你和一百餘位教授共同發表〈教改萬言書〉，批評李遠哲所領導的教育改革。許多支持執政黨的媒體都猜測：你們在總統大選前的敏感時刻，發起這樣一項行動，背後一定有什麼政治陰謀，或政治動機。請你告訴觀眾，你們的行動有沒有什麼陰謀或動機？」

我之所以會邀集夥伴，組織「重建教育連線」，並發起這樣的行動，當然有一定的動機。然而，這樣的動機是否可以稱之爲「陰謀」，倒還有斟酌的餘地。事後，我反覆思考李濤的問題，覺得與其將我的動機稱爲「陰謀」，還不如稱之爲「陽謀」。更具體地說，要達成此項行動的目標，我必須把心中的計畫清清楚楚地告訴社會大眾，讓大眾充分瞭解，我的計畫才有落實的可能。考慮再三之後，我決定寫一本小書，題爲「教改錯在哪裡」，並以「我的陽謀」作爲副標題，說明我發起此項連署行動的動機。

誰敢批評李遠哲？

我的專業是社會心理學。二十多年來，致力於發展本土心理學。雖然畢生從事教育工作，可是對於教育學專業，只能說是「一知半解的門外漢」。我之所以會發起台灣的「教育重建運動」，純粹是歷史的偶然。民國九十一（二〇〇二）年十一月三十日，在《思與言》雜誌社舉辦的「大學教育的本質與危機」研討會上，幾位學術界的朋友談起教改所造成的諸般亂象，有人痛心疾首，有人憂心忡忡。當時有人提到教改運動中的一個怪現象：整個教改運動幾乎都是由一些對教育一知半解的門外漢在主導，眞正的教育專家反倒被排擠在外，無法發聲。結果整個教改運動形成「黃鐘毀棄，瓦釜雷鳴」的奇特局面。當時，周祝瑛博士也在座，我知道她是美國加州大學洛杉磯校區的教育學博士，便問她：「既然教改出了這麼多問題，研究教育的學者爲什麼不從教育專業的角度，對教改問題提出批評？」

她的回答頗令我感到奇怪：「誰敢批評李遠哲？人家是諾貝爾獎得主，我們人微言輕，而且大家都要升等，萬一得罪了人，將來不管是升等，或是申請國科會計畫，都可能有人找你麻煩。誰敢批評李遠哲？」

「誰敢批評李遠哲？」這個說法實在令我感到訝異不置。我告訴她：「怕什麼呢？一九九五年，李登輝聲勢如日中天，我出版了一本《民粹亡台論》，批評他的民粹主義作風，會把台灣搞垮。這本書非常暢銷，一個月重印一次，連續印了十二次。那時候，我一天到晚接到恐嚇信、恐嚇電話，有人寄冥紙給我，有人從報上剪下鉛字，貼成短信，辱罵我。後來這本書的預言果然一一應驗了。作爲知識分子，只要寫的文章是出自於良心，我們就應當寫，有什麼好怕的呢？李遠哲總不會比李登輝可怕吧？」

當時，我一再鼓勵她寫一本書，對教改問題作徹底的檢討。以後在媒體上便經常看到她針對教改亂象所寫的評論文章，我也開始注意教改的問題。

錯誤的教改前提

有一次，在《新新聞》上讀到南方朔所寫的一篇文章，他以十分嚴厲的筆調批評：「教改的前提，沒有一個是正確的。」這個提法立刻吸引了我的注意。多年來，我一直致力於「社會科學本土化」的工作，而且深刻體會到：國內社會科學研究之所以長期處於落後狀態，主要原因之一，是國內的社會科學工作者對西方的科學哲學缺乏相應的理解。從科學哲學的角度來看，錯誤的前提絕不可能導出正確結論。然則，教改的前提爲什麼是錯誤的？它到底錯在哪裡？這種錯誤可能造成什麼樣的後果？

在思考這些問題的時候，我注意到：許多推動教改的人士都喜歡拿「建構主義」（constructivism）作爲自己立論的基礎。在我來看，這就是問題的根源所在。二十年來，我在推動本土心理學運動時候，深刻體會到科學哲學對科學發展的重要性，因此下了相當大的工夫，研究西方科學哲學的發展。二〇〇一年，我出版過一本書，題爲《社會科學的理路》①，介紹二十世紀間西方十七位主要哲學家對於知識論和方法論的觀點，該書包含兩部分，前半部的「實證主義」和「後實證主義」，通常被視爲自然科學的哲學；後半部的「結構主義」、「詮釋學」和「批判理論」，通常被當做是社會科學的哲學。最後一章則綜合這兩條路線的發展，介紹「建構實在論」（constructive realism）。

建構實在論

「建構實在論」是維也納大學教授 Dr. Fritz Wallner 近年來所推廣的一種科學哲學。許多學術界的人都知道，在一九三〇年代，維也納大學是歐洲學術的重鎮，當時許多維也納大學的教授在石里克（Schlick）的召集下，組成了維也納學圈（Vienna circle），致力於推廣邏輯實證論的科學哲學。第二次世界大戰爆發前，納粹勢力掘起，維也納學圈的主要人物紛紛流亡海外，並將邏輯實證論的思想帶向世界各地。其後數十年間，科學哲學有相當多樣化的發展；近年來，維也納大學教授 Dr. Wallner 提出「建構實在論」的科學哲學，企圖整合這些年來科學哲學的發展，並在歐洲組成了新的「維也納學派」（Vienna school），推廣此種科學哲學。

Dr. Wallner 曾經數度來台。二〇〇一年，台大心理系與中央研究院民族學研究所合作舉辦了一次題爲「本土心理學的科學發展」的研討會，他也曾經前來參加。我當時提了一篇論文，題爲〈建構實在論與儒家關係主義〉，他看了之後，十分欣賞，又於二〇〇二年六月邀請我到維也納大學，參加一次題爲「科學與文化」的研討會，並爲他的研

①黃光國（二〇〇一）：《社會科學的理路》。台北：心理出版社。

究生主持了四小時的工作坊，介紹我對「建構實在論」的觀點。

在我看來，「建構實在論」應當可以作爲非西方國家發展本土社會科學的基礎。最近，我正致力於寫一本英文書，綜合過去多年來的研究心得，討論非西方國家的心理學者如何以「建構實在論」作爲基礎，發展本土心理學。值得強調的是：「建構實在論」的科學哲學跟教改學者所主張的「建構主義」，是完全不一樣的。「建構主義」的流派雖然很多，其共同點都是認爲：知識是人們在社會互動的過程中所建構出來的。藉由教育的過程，人們可以建構出任何的知識。

然而，「建構實在論」對知識卻有完全不同的看法。「建構實在論」雖然也同意：知識是人類所建構出來的，可是知識的建構必須以「實在」（reality）作爲基礎，必須要能夠經得起科學方法的檢驗，不是一群學者關起門來，就可以憑空「建構」的。

實證主義的教育觀

「建構實在論」的知識論和十九世紀以來盛行於西方社會中的「實證主義」（positivism）有極大的不同，和維也納學圈在二十世紀初期所提倡的「邏輯實證論」（logical positivism）也很不一樣。「實證主義」和「邏輯實證論」都認爲：世界中的宇宙秩序，遵循著既定不變的自然法則。科學家用科學方法將這些法則找出來之後，它們構成了知識的內容。教育的主要目的，就是把這些「眞理」傳授給下一代。學生還沒有創造知識的能力，他們的主要任務就是學會這些知識。

作爲西方學術殖民地的台灣，在解嚴之前，學術界所流行的主要是一種「素樸的實證主義」（naive positivism），在教育的過程中，特別強調知識的傳授，這種「知識取向」的教育重視背誦，重視考試；和台灣社會中鼓勵子弟追求縱向成就的「家族主義」傳統相互結合，演變到最後，就形成一般人所詬病的「讀死書，死讀書，讀書死」。

教改的歧路

解嚴之後，教改集團爲了「顚覆」傳統的教育方式，非常反對這種「知識導向」的教育，而提倡一種「能力導向」的教育。然而，反對國民黨的政治人物所要顚覆的，不僅只是傳統的教育而已，而且還有傳統的文化。爲了配合「建構」新國家的需要，他們在林林總總的近代西方哲學中，選擇了「建構主義」，作爲他們的哲學基礎，強調教育的目的不是要讀死書，而是要培養「帶得走的能力」，或提高「創造力」。教改人士不瞭解的是：由於「建構主義」否定「客觀知識」的存在，一昧堅持「建構主義」，最後很可能走上「知識虛無主義」的道路。我們在教改過程中所產生的許多亂象，其實都是由此而衍生出來的。

相反的，如果教改走的是「建構實在主義」的方向，在教育的過程中，必須一方面重視主觀能力的培養，一方面重視「客觀知識」的傳授，整個教育改革的過程將會呈現出完全不一樣的面貌。更清楚地說，從哲學的角度來看，目前教改集團所推行的「教育改革」，其實是要顛覆傳統教育所進行的一場「文化大革命」，我們要對教改所造成的種種亂象進行「撥亂反正」的工作，必須抽絲剝繭，很細致地告訴大家，爲什麼教改的大方向是錯的，然後在一個嶄新的哲學基礎之上，推動台灣的教育重建工作。

草擬〈重建教育宣言〉

儘管我知道：李遠哲所推行的教改大方向是錯的，可是，我如何能讓一般人瞭解這一點？我們社會中絕大多數的民眾都不懂哲學，大家對哲學也沒什麼興趣。我即使到街上敲鑼打鼓，聲嘶力竭地告訴大家：「教育改革的哲學是錯誤的。」別人大概會以爲我腦筋有問題，蚍蜉撼大樹，鐵定沒有人會理我。因此，這個念頭便擺在心理，沒有再作進一步的思考。

今年五月，有一天走在台北街上，突然看到有一個人站在十字路口，高舉一面牌子，上面寫著：「饒了孩子吧！」吸引了我的注意。看報紙後才知道：我們社會中又成立了一個教改團體，名爲「快樂學習教改連線」，準備發起二次教改運動。所謂的「二次教改」，頗讓我覺得納悶：在我來看，整個教改的方向明明是錯的，爲什麼還要發起「二次教改」呢？

不久之後，我突然接到周祝瑛教授的電話，她說：她在我的鼓勵之下，寫了一本檢討教育改革的書，希望我能幫她寫一篇序。這本書的因緣既然是由我而起，我當然是義不容辭。答應之後，在構思這篇序言時，突然想到一個點子：明年總統大選將屆，現在社會上又有一些教改團體蠢蠢欲動。要對教改的後遺症進行「撥亂反正」的工作，應當趁這個機會，在台灣社會中發表一項以「終結教改亂象，追求優質教育」作爲主題的宣言，對各政黨進行施壓，要求政府對這十年來的教改進行徹底的反省，並提出具體的解決方案。五月十五日，我把這個構想告訴周博士，她立刻劍及履及，擬出一份行動計畫。我再根據這份計畫中的綱要，寫了一份長達一萬三千字的宣言。

李遠哲的寒蟬效應

以「終結教改亂象，追求優質教育」爲題的批判教改文章（也就是後來的〈重建教育宣言〉，或通稱〈教改萬言書〉）撰成之後，我原本想找十位學者一起連署發表。然而，在找人連署時，我立刻遭到了困難。我把這篇文章傳給幾位學術界的朋友看，他們都表示：十分贊同文章中的論點，台灣社會非常需要有人出來登高一呼，喚醒社會，注意教改所造成的嚴重後果。而且大家都認爲：總統大選前，正是發表這篇文章的最好時機。

可是，當我邀請他們參加連署的時候，大多數人都委婉拒絕了。有些在國民黨時代勇於批判時政的朋友，一聽說要批判李遠哲所領導的教改，也是面有難色。他們拒絕的理由包括：他參加過教改的某項活動，他認識李遠哲，他認識某位教改的要角，對某某人不好意思，不方便得罪人等等。

這林林總總的理由使我警覺到：十幾年來李遠哲挾其卓越的學術成就，在台灣政治和學術界所布下的綿密人際關係網絡，及其對整個台灣社會所造成的「寒蟬效應」。

「國師」的人脈

李遠哲於四十九歲時獲得諾貝爾化學獎，在化學動態學、分子束及光化學領域的研究中，表現十分卓著，曾經獲得美國、英國等國家科學獎章。而且曾經獲得各國學術團體、大學授與榮譽博士、榮譽教授、講座教授等等數十項獎項。一九八九年，李遠哲在國內提出「教授治校」的理念，這個形同校園解嚴的議題，當時曾引起廣泛的討論；國內自由派學者甚至尊稱他為「台灣校園民主的啓蒙者」。一九九二年十二月，李遠哲接受推薦，成為中央研究院院長，一九九四年元月八日返國任職。同年九月，擔任行政院教改會召集人，並在李登輝總統的強力支持下，創辦「遠哲科學基金會」以及「財團法人傑出人才基金會」，延攬國際級學者，回國從事長期研究。

李遠哲回國後，即積極參與各項社會事務，對台灣的科學與教育發展有非常大的影響。舉凡與教育和科學有關的政策、人事一級主管，包括教育部長、國科會主委等重要職務的聘任，李遠哲都是最高當局的主要諮詢對象。從吳京、林清江、曾志朗到黃榮村等人的任免，當局都曾徵詢過李遠哲的意見。此外，國內的各種科學大事，包括國家級的科學研究計畫等等，政府都會徵詢並尊重李遠哲的看法。十幾年來，教改的實施過程出現過若干轉折，但整個大方向還是依循《教改諮議報告書》的架構在進行，可見李遠哲對台灣的教育改革有非常深遠的影響。

在二〇〇〇年總統大選中，李遠哲不顧學術中立的原則，以中央研究院院長及民間清流領袖的身分挺身而出，表態支持特定候選人，成爲民進黨勝選的重要決定因素。新政府成立之後，李遠哲更被奉爲「國師」，領導社會菁英，組成「國政顧問團」，成爲支持陳水扁政府的一股重要力量。長久以來，李遠哲在台灣的學術界及政治界的「關係」，交織成一張極爲綿密的人脈，對整個台灣社會造成無遠弗屆的影響。在這種態勢之下，「誰敢得罪李遠哲」？

離題的教師節大遊行

李遠哲和政治勢力密切結合之後所造成的「寒蟬效應」，在去（二〇〇二）年九二八教師節大遊行中，可以看得最明顯。去年教師節，全國教師會發動十萬人大遊行。這是台灣歷史上第一次教師集體走上街頭，自然引起社會的高度關注。當時全國教師會發布新聞稿，提出的第一個訴求是「還我納稅權」：「我們鄭重地向台灣人民說：國中小教師要求恢復他繳納所得稅的權利（義務）。」

看在一般社會大眾眼裡，這樣的訴求可就有點奇怪：繳稅本來就是國民應盡的義務，你們想要納稅，趕快去繳納就是了，又沒人會阻止你，何必勞師動眾，動員十萬人上街頭？十萬人在台北街頭喊著不知所云的口號，進行嘉年華式的漫步。無怪乎教育部長在遊行開始時說：「祝你們遊行成功。」事後再答應給點福利措施，整個事件就被擺平了。

基層教師的反省

事後，有一群中部基層教師反省這場遊行，並以「太史簡」作爲筆名，出版了一本書，題爲《教改野火集》，作者指出：這場遊行的「品質是高的，訴求是離題的，效果是無效的！」

品質之所以高，是因爲：「這一場台灣有史以來的教師大遊行，走出了教育者長期作爲國家教育政策指導下的角色，將教育的本質還給教育。」在這場遊行中，「沒有悲情的口號訴求，沒有滿地的垃圾，沒有激情，樹立了教育者應有的典範，雖然事前被抹黑，但是走出了遊行的另一種境界。」

訴求之所以離題，是全國教師會所提出的口號：「還我納稅權，悲憤被抹黑，脫離工具化，實踐我尊嚴，團結組工會，勞資要協商。」「這樣的訴求，我們看不到教師的專業需求，看不到對這波教改的深刻反省。」

然而，基層教師的要求是什麼呢？

「我們眞正需求的是，一個對國家教育理想具體實現的藍圖。」

「我們不怕苦，我們願意改變。但請不要把教師以及學生當成教授的實驗品，而這種實驗在試辦下證實失敗，可預知的未來是更失敗。」

「教改學者離基層太遙遠了，不知道有多少教師敬業樂群在教導學生。」

「十萬人走一回，教改的錯誤依舊存在。教育部、教育局依舊繞著辦成果展、出版品宣傳，辦九年一貫評鑑，量化的數據不錯，就以爲教改快要成功了？」

「有這麼一首歌：『蒙著眼睛，就以爲看不到，摀著耳朵就以爲聽不到』，來形容教改學者是很貼切的。」②

在我看來，這樣的反省是十分深刻的，是台灣基層教師從李遠哲編織的「教改大夢」中覺醒過來的開始。然而，這本書的出版並沒有獲得應有的重視，社會上也沒有人敢出來公開批判教改。我們該如何突破李遠哲的「寒蟬效應」呢？

②太史簡（二〇〇三）：《教改野火集》。台中：領行文化，頁九～一〇。

在無知的領域中維護權威

在思考這個問題的時候，我想到了科學哲學史上一則著名的故事。一九七五年，一百八十六位著名的科學家發表聲明反對占星術，其中包括十八位諾貝爾獎得主。當時，主張「科學無政府主義」的科學哲學家費耶本德卻挺身而出，在他的著作《自由社會中的科學》（一九七八）中，爲占星術辯護③。他認爲：該項聲明是腐朽的宗教濫調，獨斷地提出錯誤的論證。這些科學家判定的依據，根本跟不上當代的人類學。這些科學家甚至要在他們沒有任何知識的領域中，維護自己的權威。他很明確地指責這些專家：「你們是在反對一項你們一無所知的東西，這種行動本身就是不理性的。」他對這些專家的駁斥，變成了近代科學哲學史上的一個著名案例。

這個例子顯示：在專業領域之外，專家的意見和一般人的意見應當是沒有兩樣的。不幸的是：事實並不是如此。專家由於在其專業領域上有所成就，對自己一無所知的事務，也擁有極大的發言權。其言論內容通常只是在維護自己的既得利益。因此，盲目聽從專家的意見是不智的。

從我對教改的分析來看，台灣的教改專家其實也是在提倡一種他們一知半解的理念。孟子說得好：「雖千萬人吾往矣！」只要觀念正確，費耶本德都敢向包括十八位諾貝爾獎得主的一群科學家挑戰，一個諾貝爾獎得主算得了什麼呢？

③Feyerabend, P. K. (1978) Science in a Free Society. London: NLB.

二、我的「陽謀」

在撰寫〈教改萬言書〉的時候，我的「陽謀」也逐漸在腦海中勾勒成形。依照我的構想，這項行動計畫應當包括三部分：

第一，發表「終結教改亂象，追求優質教育」的宣言，批判教改所造成的社會後果。幾十年來，台灣社會中涉入教改的人非常之多，教改所造成的社會後果也十分錯綜複雜。在華人社會中一提到「人」的問題，當事人往往會生出防衛之心，甚至會大動情緒。由於我們社會中的許多老師、學生、和家長都是教改的受害者，在第一階段，應當把握「對事不對人」的原則，只談教改所造成的社會後果，以爭取社會的支持。

第二，發表周教授的專著《誰捉弄了台灣教改？》。台灣社會中曾經有許多人捲入教改，每個人功過不一。今天我們要對十年來的教改進行檢討，對參與教改的人必須分別對待，不能一竿子打翻一船人，全盤肯定或全盤否定。周教授著作的前半部，很翔實地描繪了參與教改的主要人物，可以讓社會大眾瞭解：每位教改人物在推動教改過程中所扮演的角色。

第三，發表一篇長文，批判李遠哲教改思想中的「知識虛無主義」及其可能造成的負面效果。由於思想問題涉及哲學，不要說一般人搞不懂，恐怕連李遠哲自己都搞不懂。因此必須等社會界敢於公開討論教改的負面效果，社會大眾普遍認識到教改的失敗之後，再對李遠哲的教改理念進行批判。

坦白說，在構思這項計畫之初，我腦中只有一個大致的方向而已，沒有時程，也沒有行動的細節，甚至我也不知道誰是我的戰友，所有的一切，都是在實踐計畫的過程中逐步浮現出來的。

「樂學連」的路線

〈萬言書〉撰寫完成之後，我所面臨的第一個挑戰，是如何向社會公布這份宣言，並收到一定的效果。我想到的第一個可能出路，是「快樂學習教改連線」。樂學連的發起人之一夏鑄九教授，是我在台大的同事兼老友，我打電話給他，他立刻很熱情地安排我和樂學連的幹部，在新店「京采飯店」見面，同時約定：下個星期到樂學連總部，和他們討論我對教改問題的看法。

六月二十四日，我帶著〈教改萬言書〉，單槍匹馬到羅斯福路三段樂學連的辦公室，和樂學連的幹部談了一整個晚上，才瞭解到：樂學連的幕後金主，是當年推動「無殼蝸牛運動」的李幸長。他曾經擔任過十三年國小老師，經營四海遊龍鍋貼連鎖店，事業有成之後，因爲自己的小孩在學校中考試連連，而變得不快樂；再加上自己以前當老師時，不滿台灣以「考試」作爲終極目標的教育，所以和夏鑄九等幾位昔日夥伴商量，決定拿一筆錢出來，資助推行「第二次教改運動」。

我的老朋友，台大城鄉所教授夏鑄九，是社運界的老將，不只對社會運動理論有很深的造詣，而且參與策畫過許多次的社會運動。這次樂學連挑在大選前活動，便經過相當縝密的計畫。他們接受資深廣告人孫大偉義務提供的點子，並利用行銷的概念，派人在街頭到處高舉黑底黃字的大招牌，以幽默、嘲諷，甚至是無奈的訴求，吸引社會大眾的注意，並創造話題。

然而，樂學連雖然瞭解：社會大眾對教改感到強烈不滿，他們並計畫抓住大選前的時機，針對教改議題，推出一波又一波的抗議行動。可是，他們對教改問題的癥結所在，並沒有整體性的看法。據說樂學連成立之初，他們還拜訪過李遠哲，並將當年發起「四一○教改行動」的台大數學系教授黃武雄奉爲「精神領袖」。在我來看，這是相當怪異的事。我認爲：將來「二次教改」若要想成功，在理念上必須和李遠哲所領導的「一次教改」徹底劃清界限。由於我一向不喜歡參與街頭社會運動，我的教育理念又和教改集團格格不入，當時便決定和樂學連保持「分進合擊」的合作關係：他們搞街頭運動，我發展我的教育理念。

「沒有法源的公投」

六月四日，黨外圓桌論壇執行長朱高正邀請我、李幸長和樂學連的幹部聚餐，商討彼此合作的可能。在瞭解彼此理念的異同之後，樂學連執行長何宗勳問我：「你想如何推展這樣的理念？」

「我準備找十位教授連署，向社會公開發表。」

「這年頭十位教授算什麼？最起碼你要找三十位，還要有知名度，這樣才夠看啦！」

三十位有知名度的教授？在李遠哲的「寒蟬效應」影響之下，許多學術界的朋友雖然對教改不滿，一聽說要連署批判教改，都表現出敬謝不敏的態度。我費了九牛二虎之力，都還找不到十個人肯連署，大家素昧平生，哪來三十位有知名度的教授肯跟我蹚這趟渾水？

說來也是福至心靈，在教改問題鬧得風風雨雨的時候，有一天，在報上看到薛承泰教授所寫的一篇批評教改的文章。我靈機一動，立刻打電話給他，告訴他我的構想，問他願不願參加連署？他看了〈萬言書〉之後，很爽快地答應了。接著，我又如法炮製，很快找到幾位志同道合的朋友；不久，我就決定採用「老鼠會」的辦法，請大家將〈萬言書〉e-mail給自己的朋友，願意參加連署的，再跟我聯絡。沒想到這樣一來，立刻發生了「滾雪球」的效應，一週之內，願意連署發起的人，便超過三十人。

這時候，執政黨和在野黨正在爲「公投法」問題鬧得不可開交，有一天，我在媒體上看到陳水扁總統說：「沒有法源也可以辦公投。」我又靈機一動：「連署」不就是「沒有法源的公投」嗎？爲什麼不趁這個機會，辦一個「沒有法源的公投」，發起一個全民連署行動呢？

理性的連署

要搞「全民連署」，我們這幾個窮教授，既無人力，又無財力，當然不能雇一大批工讀生，在各地火車站擺攤位，找人連署。我想到的唯一辦法，就是找人設計一個網站，將〈萬言書〉掛在網站上，徵求社會大眾連署。

許多人聽到這個構想後，都笑我迂腐：「現在是什麼時代了？誰會上網看你的長篇大論？你看執政黨和在野黨的網站，都是以活潑鮮明的動畫作爲主要內容；連「台聯」的網站，也有許多嘻哈動作，這樣才能迎合e世代的口味。你要人家上網讀〈萬言書〉，要連署還得寫下身分證號碼，誰會相信你啊？」

對於這一點，我倒是相當的堅持。我認爲：台灣的各個政黨用動畫或嘻哈動作來吸引民眾，基本上都是在弱化群眾的智慧和判斷力。今天我們要讓民眾深入反省教改帶給台灣的災難，一定要訴諸理性，而不能訴諸情緒。連署時登記身分證字號，代表個人經過理性判斷後，所作出的一種決定和承諾。我寧可看到少數幾個人經過理性判斷，再同意我的論點，也不願意看到有一大群人跟著我，在街頭吆喝吶喊。終結台灣教改亂象的希望在於知識分子。我要推動的是一種「理性的連署」，如果我無法說服足夠的知識分子，同意我的論點並參加連署，我就是失敗的；我也願意承認我的失敗。

借重教育專業人士

七月上旬，願意共同發起這項連署行動的人數，已經多達七十餘人。我十分明白：在大選前夕的這段敏感時刻，願意參加這項連署行動的人，在政黨屬性上大多是偏向泛藍陣營；這項連署行動發起之後，泛綠陣營的媒體，一定會給我們戴帽子，說我們有政治陰謀。教改之所以失敗，主要原因之一，就是教改集團將眞正懂教育的「師範體系」排除在外。將來台灣的教育要恢復元氣，還是得由教育專業人士來從事重建工作。因此，我刻意由共同發起人中挑選十八位擔任發起人。他們都是學術界或文化界人士，其中有五位教育學院院長，一位教育研究所所長，兩位國家講座教授（見表一）。除了我之外，每一位發起人都長期關心教改，並寫過有關教改問題的文章。如果這樣的陣容還要被扣帽子，那也只能歸之於天了。

表一：「終結教改亂象，追求優質教育」全民連署行動發起人

發起人	單位
伍振鷟	文化大學教育學院院長
李家同	暨南大學資訊工程學系教授
林安梧	台灣師範大學國文學系暨研究所教授
林生傳	高雄師範大學教授兼教育學院院長
吳武典	台灣師範大學教育學院院長
周祝瑛	政治大學教育系教授
南方朔	新新聞發行人
高明士	台灣大學歷史系教授
秦夢群	政治大學教育學院院長
黃光國	台灣大學心理系教授、國家講座
黃　藿	中央大學教授
黃德祥	彰化師範大學教授兼教育研究所所長
曾孝明	清華大學電機工程系教授
楊深坑	中正大學教育學院院長、國家講座
蔡詩萍	作家
劉廣定	台灣大學化學系教授
劉源俊	東吳大學校長
薛承泰	台灣大學社會學系教授

七月六日，我到北投石牌台北護理學院，在「高中生人文社會科學營」，對兩百名高中資優生演講，主題是「台灣本土心理學的發展」。這些學生都是從各個學校選拔出來的，十分優秀。在演講完畢後的互動時間裡，我問他們：「認爲教改成功的人請舉手。」沒想到居然沒有一個人舉手。我立刻告訴他們：將來我會設一個網站，並在媒體上公布網址，請大家告訴父母，上網看〈萬言書〉，如果同意我們的論點，請連署支持我們。

同學們聽了後，都熱烈鼓掌。有一位同學突然問道：「教授，我們可不可以連署？我們也想連署！」

我答應了他們。回家後立刻請網站設計師修改程式，讓學生也可以上網連署。

「教改非常成功」

我原本計畫在八月中旬發表〈重建教育宣言〉，並向社會推出這項連署行動。然而，這時候卻發生了一件事，迫使我們不得不提早採取行動。我預計在七月二十八日至八月四日之間，到菲律賓馬尼拉參加亞洲社會心理學會，因爲從今年起接任會長，必須準備會長致詞（presidential address）；同時又和日本的Dr. Tim Takemoto和韓國的Dr. Jung-Sik Kim組織了四個研討會，必須宣讀一篇論文、當一個研討會的主席、並在另一個研討會中當評論人；主持菲律賓本土心理學會的Dr. Elizabeth Protacio-De Castro又邀請我根據台灣經驗，對她們的會員講「本土心理學的發展策略」。我在短期間內必須同時準備三篇英文講稿，十分忙碌；因此預計在七月十二日召開第一次發起人會議，等到開完亞洲社會心理學會回國後，在教育部九月中舉行「全國教育會議」前一個月，再推出這項行動。

然而，在七月份連續的三個星期四，在「阿扁總統電子報」中，陳水扁總統三次提到有關高學費的問題，每一次都引起軒然大波。七月三日，「阿扁總統電子報」說：「台灣公立大學學雜費算是相當的低廉。」七月十日，「電子報」又說：「從教育改革的目標來看，教改是非常成功的。」「學費從來沒有阻礙過社會階層的流動……大學生必須事先做好財務規畫。」這兩次談話，都引起了社運團體的強烈反彈。不料，七月十七日，陳水扁竟然又在電子報上回應「教育是權利、是機會、也是最有價值的投資」。

引爆「霹靂火」

近年來，台灣經濟嚴重不景氣，再加上公私立大學醞釀要再度調漲學費，社會上不滿的怨氣已經達到臨界點，等到「阿扁總統電子報」一再發表「教改成功」、「教育是投資」的談話，終於讓社運團體找到可乘之機，樂學連立即聯絡「反高學費聯盟」和「新世代青年團」的盟友，在十五日臨時決定：隔日要前進總統府，向陳水扁下戰帖，要求和總統辯論高學費政策。當時，樂學連祕書長何宗勳打電話告訴我：「阿扁總統不是說『教改非常成功』嗎？現在正是推出〈教改萬言書〉的最佳時機，要趕快把握住喲！」

記得兵法上有一句話：「天與不取，反受其咎；時至不行，反受其殃。」我也認爲機不可失。七月十二日，我們在台大校友聯誼社召開第一次發起人會議，才正式確定組織的名稱叫「重建教育連線」，英文名爲Education Reconstruction Front，將發表〈重建教育宣言〉，發起「終結教改亂象，追求優質教育」全民連署行動，提出四項主要訴求，並於一週後的七月二十日，在同一地點的台大校友聯誼社，舉行記者會，正式對外公布。這些細節看起來好像是倉促成軍，但卻都符合我的構想。七月二十一日下午，黨外圓桌論壇的林深靖先生邀請我到青島東路的「非政府組織（ＮＧＯ）會館」，和夏鑄九、樂學運幹部、以及許多社運團體的領袖，討論台灣的教改問題。經過半天的討論，散會時我深刻地感覺到：十年來的教改，已經給台灣社會澆上了一桶汽油。現在只要有人點上一根「番仔火」，它就會像「霹靂火」一般地引爆開來，誰會是引爆這場「霹靂火」的人呢？是走街頭運動路線的教改團體？還是走理念分析路線的〈萬言書〉？

三、發表〈重建教育宣言〉

七月二十日，「重建教育連線」在台大校友聯誼社召開記者會，發表〈重建教育宣言〉。在作發起人介紹時，我特別強調：我們的連署行動有十八位發起人，一百三十位共同發起人，在座的每位發起人都出版有關教改的論文或專著：台大化學系教授劉廣定出版過《中國科技文明史論》，清大電機系教授曾孝明出版過《台灣知識經濟的困境》，台師大國文教授林安梧出版過《台灣文化治療》和《教育哲學講論》；台大歷史系教授高明士、台師大教育學院院長吳武典、中央大學通識中心教授黃藿，都出版過批評教改問題的論文，我們已經把這些論文掛在「重建教育連線」的網站上。政大教育系教授周祝瑛、台大社會系教授薛承泰兩人，將於近期內分別出版《誰捉弄了台灣教改？》、《十年教改在築誰的夢？》，深入探討教改問題。

接著，我們指出：十年教改已經造成了「政府不負責、老師不支持、家長不放心、學生不快樂、畢業沒有頭路」的「四不一沒有」，甚至加速貧富差距，造成「兩個台灣」的現象。然後，宣布「終結教改亂象，追求優質教育」的主要內容。鑑於教改所造成的各種亂象，連線提出了四大訴求，一，檢討十年教改，終結政策亂象。二，透明教育決策，尊重專業智慧。三，照顧弱勢學生，維護社會正義。四，追求優質教育，提振學習樂趣。

教育學者發聲怒吼

我們除了邀請民間著名社會學者南方朔講述第三項訴求：「照顧弱勢學生，維護社會正義」之外，並安排三位教育學者，彰師大教育研究所所長黃德祥、吳武典、和周祝瑛分別講述其他三項跟教育有關的訴求。最後，再由學者自由發言。

在記者會上，哲學家林安梧以宏亮的聲音一針見血地指出：前行政院教改會當初以「鬆綁」爲改革起點，是缺乏教育哲學基礎之論。鬆綁是消極的，改革是積極的。教育改革若以積極的想法出發，就會瞭解教育改革的主體是老師，一定要先讓老師有公共論述的能力，教改才會成功。否則，不僅無法解決舊症，還會產生新病。

南方朔是我多年老友，他曾經多次在《新新聞》上發表文章，批評教改。我之所以會發起此次行動，受到他相當大的啓發。這次他以民間學者的身分，挺身相助，令我十分感激。他從社會學的角度指出：「鬆綁」是一九八〇年代全球風行的論調，其實卻是企業搶奪政府權力的手段，後來許多國家都深受其害。如今大家已不講「鬆綁」，而改講「治理」；政府有一定的責任，辦教育就是它的責任，而非全部放手給私人。他還指出，教改政策違反社會正義原則，它擴大了台灣社會中的貧富差距，造成了階級對立的「兩個台灣」。

黃德祥、吳武典、周祝瑛三位教育學者，分別從教育專業的角度，痛陳教改的各種弊病。在教改推動的過程中，「師範體系」一直被看做是支持「舊體制」的「保守勢力」，師範體系出身的各級學校老師，也被當做是「改革的對象」。如今有這麼多教育學者敢於挺身而出，發聲怒吼，當然會使社會各界刮目相看。

肯定李遠哲的貢獻

第二天，台灣各大媒體均以十分顯著的標題，全版報導「重建教育連線」發起的這項活動。對於眾多學者連署提出的〈重建教育宣言〉，總統府與行政院均柔性回應，強調願意傾聽各方意見，承認教改確有改進空間；不過他們也指出，教改是國民黨執政時代就開始推動：而主導教改的中研院院長李遠哲的貢獻，不應被抹煞。

這三點，可以說是民進黨政府對〈重建教育宣言〉反應的基調。針對我們所發表的〈教改萬言書〉，總統府公共事務室表示：陳水扁總統非常重視教改，一直傾聽各方不同意見。過去幾年，教育部門及各級學校教師，爲教改工作的奉獻及努力不能被抹煞，但教改仍有改進空間。

行政院發言人林佳龍表示，行政院尊重、參考任何教改建言，行政院也願意「概括承受」教改長期累積的問題，但不能否定李遠哲等過去教改推動者的努力，也不宜將複雜的教改問題進行「一刀切」。

林佳龍表示：批評教改是基於關心教育，出發點都是善意，行政院都會尊重，並且交給九月份教育部召開的全國教改會議參酌，希望由下而上，凝聚教改共識。

林佳龍強調：教改當初不僅是由國民黨政府所推動，連戰擔任行政院長時，也高度信任李遠哲推動教改；李遠哲等人在特定時空背景下，有其相當貢獻。

教育部「虛心接受」

七月二十日早上，在教育部舉行的記者會上，教育部長黃榮村以「抽刀斷水水更流」形容我國推動教改十年來的亂象。他說，他完全「虛心接受」重建教育連線提出的教改萬言書，並誠心邀請這百餘位學者，今年九月前和教育部官員好好談談，將建言重點納入今年九月召開的「全國教育發展會議」中討論。

黃榮村說，教改本來就有許多不同的主張，有人主張多元入學，也有人主張單元聯招；有人主張教科書統編，也有人主張民編。教育部應廣納不同的教改聲音，並逐項分析，結果反而會因此獲利。

黃榮村雖說完全接受教改萬言書，但卻強力爲中央研究院院長李遠哲辯護。他說，以教授治校爲例，雖然李遠哲曾提出這項說法，但李遠哲在民國八十三年才返國服務，並被邀請擔任行政院教改會召集人。早在李遠哲回國服務前，教授治校的聲浪在民國八十年即已在國內「自主」發展出來，發源地就是他號召成立的「台大教授聯誼會」。當時大學校園之所以出現教授治校聲浪，主要是反威權，有其時代意義。

黃榮村說，如果說倡言「教授治校」是一項「功勞」，大家要將這項功勞送給李遠哲，他不願意接受；如果說是「責任」，要李遠哲負起這個責任，也不公平。論斷是非，脈絡一定要先弄清楚。

破除「寒蟬效應」

民進黨政府的反應，幾乎全在我們的預料之中。教育部長對我們所提出的批判表示「虛心接受」；在記者會上，教育部並做出一張表，針對〈重建教育宣言〉所提出的十三點「教改亂象」，逐一作出回應（見表二）；這表示我們第一階段的行動，已經獲得完全的成功。

表二：〈教改萬言書〉與教育部回應一覽表

項目	批評內容	教育部回應	當時主政者
自願就學方案	班級內各等第固定配額限制，低成就學生難以改變班上的排序，自學方案採計國中三年成績，有些同學國二就放棄學習。	目前已完全停辦。	行政院長郝柏村任內，教育部長毛高文大力推動。

建構式數學	民國八十五年未經審慎評估就全國推行。「化簡爲繁」的教法，導致學生數學演算能力大幅降低。	已改善，不再獨尊建構式數學。	行政院長連戰任內，教育部長吳京核定。
九年一貫	教育部好大喜功，欠缺相關配套措施，課程內容無法銜接，產生教學障礙，小學階段學習三種拼音系統，學習壓力強大。	統整課程的優點有二：一、由學科知識的學習，轉化爲生活知能培養。二、避免重複施教，提高學習成效，教育部繼續檢討改進。	行政院長蕭萬長任內，教育部長林清江規畫核定。
統整教學	國中教師多是接受分科養成教育，要求採領域教學，教師強烈反彈。	視學習內容性質，實施協同教學，強調必須重視教師專長。	行政院長蕭萬長任內，行政院教改會曾提及此概況；教育部長林清江規畫核定。
多元入學方案	不管申請、推甄或登記入學，都以國中基測成績爲主要錄取依據。	規畫成立「全國高中職及五專多元入學委員會」落實多元入學精神。	行政院長蕭萬長任內，教育部長林清江核定（教改會提及此概念）。

項目	批評內容	教育部回應	當時主政者
教科書一綱多本	匆促上路，內容錯誤百出，民間版本售價昂貴，家長負擔重。	加強說明國中基測一綱多本命題原則。	行政院長連戰任內，教育部長郭爲藩核定。
補習班蓬勃發展	多元入學變成「多錢入學」。	除升研究所補習人數增多外，其餘升學補習人數並未增加。	
教師退休潮	教改花招層出不窮，教師疲於奔命，痛心職業尊嚴喪失殆盡，又擔心政府財源日益艱難，紛紛申請退休。	九十三年二月起分三年編列二〇〇至三〇〇億元補助各縣市中小學教師退休。	
師資多元與流浪教師	大量開放大學設立教育學程，導致流浪教師多達十萬人。	一、嚴審各大學申設教育學程。二、縮減學士後教育學分班招生。三、師範院校轉型。	行政院長連戰任內，教育部長吳京核定。
消滅明星高中	根本是民粹主義，學生努力想考上一所好高中，再升學好大學，教師努力教學，到底有什麼不對？	實施十二年國教，將明星高中定位爲「優質高中」。	

廢除高職	產業轉型導致高職市場萎縮，教育部想建立證照制度提升技職品質，教改人士卻喊「廢除高職」。	高職畢業人力爲我國產業不可或缺區塊。教育部沒有「廢除高職」政策。	
廣設高中大學	放任師資設備不夠水準，大量開放新設大學，專科升格，大學校院增至一三五所，縮減經費，導致大學走向高學費。	一、停止設立國立大學，暫緩私立大學籌設。二，鼓勵大學校際整合。	行政院長連戰任內，教育部長吳京推動執行。
教授治校	大學許多不學有術的教授結幫成派，將社會惡質選舉文化帶入校園，校園政治化，教授派系化。	大學法修正草案將調整校務會議定位，校長及學術主管遴選方式和權責。	行政院長連戰任內，教育部長郭爲藩執行（李遠哲院長鼓吹）。

事實上，〈重建教育宣言〉所列出的十三點教改亂象，都只談教改所造成的社會後果，既沒有提到教改的責任問題，也不談教改的哲學基礎。由於教改的社會後果是每個

人在日常生活中都可以感受到的，只要配合具體的數字，教改集團想賴都賴不掉。至於其哲學基礎和追究責任，這兩個層面的問題都太複雜，必須等社會普遍接受「教改亂象」的結論之後，才能作進一步的論述。

更清楚地說，「重建教育連線」發表萬言書的主要目的，是要掌握「阿扁總統電子報」一再發布爭議性訊息的時機，具體指出教改亂象，拆穿「教改非常成功」的迷霧，破除李遠哲所造成的「寒蟬效應」；所以我們在整篇萬言書中，也刻意避開不談任何責任問題。

下達「挺李」指令

然而，一項社會改革計畫既然有如此嚴重的社會後果，必然有人會追究其責任歸屬等。果不其然，萬言書發表之後，執政黨和在野黨便迫不及待地提出教改的責任歸屬問題。陳水扁總統與台北萬華區扁友會餐敘時表示：教改十年間，國民黨執政七年，民進黨執政三年，因此，國民黨主席連戰與親民黨主席宋楚瑜如果要批評教改，以前國民黨執政的七年要先說清楚。

民進黨中央也下達「挺李」指令：民進黨副祕書長李應元表示，教改打破了大學聯考單一封建的保守價值觀，當初李遠哲等人帶領教改風潮的貢獻，不應被輕易抹煞。李應元說，部分教改團體對李遠哲的批評不公平，不應只是批判，也應提出具體的建議。他質疑部分人士以「批判教改，卻不提出解決方案」爲運動策略，是否因此才能攪動社會情緒？不提出方法和願景，是否主張回歸過去的聯考文化？讓社會回到便於保守統治階層復辟的「士大夫社會」？

朝野兩黨互批

民進黨立委周雅淑、邱永仁在他們輪值召開的記者會上指出，高學費、建構式數學、廣設高中大學、自願就學方案都是國民黨時代的政策，但連戰卻選擇性記憶，不願承擔責任。邱永仁指出，吳京當部長、連戰當院長時，學費大幅調漲，公立大學每年漲百分之十，私立大學漲百分之七；直到民進黨執政後才降爲公立大學漲百分之三，私立大學漲百分之零點八。國民黨主席連戰，要為其擔任行政院長時的教改決策引發的亂象負責，不要自己「縱火」，卻來嫌「滅火」的速度不夠快。

國民黨文傳會主委蔡正元反駁強調，民進黨在民國八十九年執政之後，全面啓動教改，卻忽略必須有配套措施，現在出了問題，卻把矛頭指向國民黨，完全沒有反省能力。眞正教改只有三年，並非已經十年。就好像國民黨把教改的車子準備好了，民進黨一上車，就加足馬力往前衝，不翻車才怪。至於大學院校學雜費調漲問題，蔡正元指出，國民黨執政時調漲學費都是配合經濟成長率。民進黨執政後，經濟成長率變成負成長，卻仍死抱調漲的公式，蠻幹、硬幹。就像是師父教你一套武功祕笈，你卻練得經脈錯亂、走火入魔。除了怪自己飯桶，要怪誰？

針對民進黨的批評，國民黨團也舉行記者會反駁。黨團書記長劉政鴻表示，教改就像一條好魚，可以活魚三吃。民進黨執政後，把魚的頭尾煎焦了，魚身卻沒煎熟。他反問民進黨，若是教改政策出錯，為何國民黨執政時沒有十萬教師上街頭，反而到了民進黨執政時才發生？難道提出教改萬言書的教授，他們的腦筋、智慧都是假的？國民黨中央政策會副執行長鄭逢時也說，國民黨擬定的教改政策「沒有錯」，但是國民黨制定諸多配套，民進黨執行時走了樣。他以台語諺語比喻，民進黨「錯把西裝料做成一件大內褲」，完全走了樣。

李遠哲的回應

〈重建教育宣言〉只談教改的社會效果，刻意不談教改理念，也不涉及任何特定個人。可是，在宣言發表後的答問時間裡，有記者問我：「黃教授，李遠哲該不該為教改亂象負責？」

我很肯定地回答：「他當然要負責。」

接著記者又緊盯著這個問題，向在座的連線發起人分別發問。結果李遠哲對教改的責任問題，也成為翌日各大媒體報導的焦點。

針對「重建教育連線」的批評，李遠哲回應說，《教改諮議報告書》是三十位委員，花費兩年時間，作出的總結建議，「有些人沒有看過內容，就任意批評，是非常不幸的。」

李遠哲表示，當年教改會每週下鄉，到各縣市學校去和基層老師、家長座談，總結這些人的意見，才寫成《教改諮議報告書》，「這裡面很多人是非常富有理想的」，「要怪罪某某人的意見是不對的」；他強調，大家應好好看一看報告書，任意批評對教改會辛苦工作的委員，很不公平。

李遠哲也表示，國內教改做得不理想，不能說是誰的責任，「沒有誰該負責的問題」，教改結果不該是教育部長一個人承擔，也不是他能掌握。李遠哲認爲他參與教改過程，對得起自己的良心；他希望外界能以「大格局」看待教改這件事。

李遠哲同意，經過十年教改，教育還是有很大的問題，但這是一千年累積下來的，是「升學主義」、「文憑主義」掛帥的結果。有問題必須進行改革，「但改革不是口號」，而是政府必須徹底執行，若是提不出新主張，沒有想好怎麼做，「只是想用喊口號方式來談教育，教育仍不會有大方向的改變。」

對於有大學校長批評李遠哲不懂高等教育，主導教改是「外行領導內行」，李遠哲強調：「我一輩子都在高等教育裡面，也當過大學董事。」

不懂「責任倫理」

李遠哲的這些論點充分顯示出：他完全沒有「責任倫理」的概念。民主國家的政府施政，一定爲自己所做的決策負責，這是最基本的政治學原理。「重建教育連線」所揭發出來的十年教改亂象，既然受到社會的公認，就有人應該對教改所造成的後果負責，爲什麼說「沒有誰該負責」呢？

我們當然十分清楚：當年教改諮議委員會確實是集社會一時之菁英，他們耗費兩年時間，動用六千萬經費，才寫出《教改諮議報告書》，「這裡面很多人非常富有理想」，今天你要問他們，他們大多數人也會像李遠哲那樣，覺得「他對得起自己的良心」。然而，這種說詞顯然是不懂倫理學中「意圖倫理」與「責任倫理」的區別。從事教改的工作和寫論文不同：「文章千古事，得失寸心知。」論文寫得不好，別人不看就是，寫論文確實是只要講究「意圖倫理」，「對得起自己的良心」，就可以了。可是，推行教改，拿全國數百萬兒童當白老鼠，怎麼能不考慮它的社會後果？怎麼能不講究「責任倫理」？又怎麼能用「對得起自己良心」之類的語詞，矇混過關？

至於將教改造成的問題，推給「千年累積下來的升學主義、文憑主義」，這種論調更是奇怪。如果「千年累積下來的升學主義、文憑主義」是無法改變的，那就乾脆不要推動改革；如果它是可以改變的，教改集團就要拿出改革的時間表。我們當然知道「改革不是口號」，可是改革總要有個目標、有個計畫、有個時間表；哪有搞了十年，花了一千五百億的預算，搞出一大堆社會亂象，還要叫人閉上嘴巴的道理？

良心責任與道義責任

七月二十二日早上，「重建教育連線」代表劉廣定、曾孝明、高明士、黃藿和我共五人，拜訪立法院各政黨黨團，邀請各政黨立法委員，上網參加連署。在記者會上，又有記者問我：李遠哲對教改亂象的責任問題。我很清楚地告訴他們：十年前的「教育改革審議委員會」根本是一個體制外組織。李遠哲以體制外組織召集人的身分領導教改，造成教改的結果沒有人負責。該爲教改負責的是「執政的黨」，李遠哲沒有必要、也沒有辦法爲教改擔負政治責任，但他應當思考自己在教改中所扮演的角色，擔負「良心責任」與「道德責任」。

當時，我又指出：今年七月四日，教育部成立「高等教育審議委員會」，由李遠哲出任召集人，這也是一個「體制外的組織」，出了事，也不必擔負任何政治責任。

當天在野黨立委許淵國、劉文雄及卓伯源等人也同聲批評：「高等教育審議委員會」的法源「大學法」，根本還未經立法院修正通過；依教育部修訂大學法的構想，「高等教育審議委員會」將負責「審議高等教育政策、高等教育資源分配」，其職權與教育部高教司嚴重重疊，地位甚至凌駕教育部之上，無異成爲教育部的「太上組織」。教育部這種自我矮化爲執行機關的修法尚未通過，就急於成立高教審議委員會，動機令人質疑。

許淵國和劉文雄抨擊：教育部高教司還對外宣稱，爲免政治干預，「高等教育審議委員會」不受立法院監督，此一說法非常不合理。爲何教育部堅持成立體制外的黑機關，主持教育資源分配？又是誰交代由李遠哲出任委員會召集人？

高教司長黃宏斌辯稱：「不受立法院監督」的說法，是媒體斷章取義。如果大學法通過，並且明訂委員會需受立院監督，委員會就會接受。他強調：「高教審議委員會」

是教育部長自各界推薦的一三三位專家名單中，挑選二十位組成。成立當天，出席的十五位委員，有十三位圈選李遠哲擔任召集人，並無任何人授意，或指派召集人人選。

針對立委的呼籲，李遠哲沒有再作任何回應。以他的個性，他也不可能再作出任何回應。這原本就在我們的預料之中，因此我們必須再推出第二階段的計畫。

四、誰捉弄了台灣教改

依照我的構想，〈重建教育宣言〉不談教改的責任問題。要初步釐清教改的責任，必須從歷史的角度，很清楚地告訴大家：在執行教改的過程中，哪一位教改人士做了哪些事？周祝瑛所著的《誰捉弄了台灣教改？》，正是這樣的一本書。在本書中，周教授將台灣教改的歷史分爲四個階段：「萌芽期」、「成長期」、「熱絡期」和「批判與反思期」，很翔實地記載了教改歷史中的大事，並介紹教改中的風雲人物，包括：

一、教改唐吉訶德黃武雄
二、教改掌門人李遠哲
三、折衝樽俎劉兆玄
四、讓體罰浮出檯面的史英
五、教改法案幕後推手丁志仁
六、目睹教改偏離軌道的周麗玉
七、自主學習另類教育的李雅卿
八、多元智能雅歌傳奇的孫德珍

同時也逐一介紹所謂「教改最佳男主角」的歷屆教育部長，以及他們在任內所作的主要決策：

一、「什麼都不缺」的毛高文
二、「捍衛師範體系」的郭爲藩
三、「每日一驚」的吳京
四、「帶得走能力」的林清江
五、「九二一震災」的楊朝祥
六、「阿扁三顧茅廬」的曾志朗
七、「深受李遠哲倚重」的黃榮村

從這本書的內容中，我們可以看出：在台灣教改的歷史中，固然有許多人藉教改之名，謀取私人權勢，但也有許多人是滿懷理想而投入教改。我們不願意一竿子打翻一船人，而希望實事求是，分別予以對待。

影響力無人能及

八月四日，我從馬尼拉開完「亞洲社會心理學會」，兼程返國。八月七日早上，心理出版社在台大校友聯誼社，爲《誰捉弄了台灣教改？》舉行新書發表會。會後，在記者一再追問下，周祝瑛表示，近十年來，中研院長李遠哲對台灣教育的影響，無人能及；而近年來的調查顯示，李遠哲和吳京是對教改影響最大的兩個人。

周祝瑛指出，吳京在任時，號稱「每日一驚」，對社會人士是「驚奇」，對教育部同仁卻是「驚嚇」，因爲許多政策同仁都是隔天才從報紙上得知，缺乏內部事先協調、溝通。

她說，九年一貫課程實施後，數學時數較以前減少三分之一、語文少了一半，明顯可知學童的數學和語文程度有下降的隱憂。而吳京提出的「三條國道（技職、普通和回流教育）」政策，讓大量技職校院升格改制，大學數量迅速擴張，是導致日後學生素質大幅滑落的主因。

社會「是非不分」

針對外界的批評，吳京表示：現在的九年一貫不是他當初的想法。當年是希望減輕學生書包重量，學校不要趕進度，讓老師與學生多些互動，並希望老師利用寒暑假，研究課程教材，作爲配套措施。

他指出，當年推動的教育政策共有三種類型：首先是延續落實原有對學生教育有利的政策，例如常態編班；第二種是與教改無關的教育問題，如放寬男生寒暑假出國遊學；第三種就是九年一貫課程的教改理念。

吳京說，課程綱要由修訂到實施，需要六年時間，對孩子而言，遙不可及，所以他指示教育部，先研究刪除國中小學課程中重複或艱深的內容，「沒想到一刪就刪了三成」。委由專家學者進一步研究，才發現，原來過去的課程都分成國小低、中、高年級與國中四階段編寫，所以他當年主張全盤檢視九年課程，才可推動九年一貫。

他強調，他構想中的九年一貫課程，以銜接國中小學課程爲主軸，並在當年成立四個委員會，深入研議，由當時的考試委員林清江負責統籌規畫。沒想到方案還未完成，他就離開了教育部，所以他根本不知道現行的合科統整教學，並不是他推諉卸責。

至於建構式數學，吳京說，他在八十五年六月到教育部，建構式數學在同年九月開始實施。雖然是他任內簽發公文核定實施的，但當時的共識是實施前必須先經過試教與教材研發，這是早就啓動的政策，不是他一手規畫推動的。

對於外界批評他提倡讓技職教育成爲「第二條教育高速國道」，導致技專院校升格氾濫、品質下滑，吳京指出：當時輿論反應高中生與高職生比例爲三比七，但高職生卻被升學制度所放棄。教育部努力爲技職體系學生開拓升學管道，這是前部長郭爲藩任內的政策，他只是貫徹施行而已。

祝瑛在新書中以「每日一驚」形容吳京任內表現，吳京回應說，教改推動最大的困難是環境複雜，有人明顯反對教改，也有人充滿新的理念，但現在社會上卻出現「是非不分」的狀況。然而，「教改是無法煞車的，最重要的是冷靜與理性思考未來的教改要怎麼走。」

教改狀況百出

吳京認爲：讓辦學績優的專校升格，改制爲技術學院，是貫徹實施前部長任內的政策。當天，郭爲藩在接受《聯合報》記者越洋電話採訪時坦承，教改十年來「的確出了很多狀況」。但他認爲：不該把責任都推到中研院長李遠哲身上。

他指出，雖然行政院教改審議委員會是在「四一〇」之後成立，並對教育部事務提出全盤性建議，交由教育部長參考，「但決策仍在教育部長，教改會只是提出建議而已，並沒有決策權。現在教改出了狀況，把過錯歸咎於李遠哲與教改會並不公平。」「教育部才是決策單位，不可能被一個沒有行政約束力的單位牽著走。」

郭爲藩舉例說，九年一貫、多元入學、開放民編教科書、小班小校等，都是教改會在他任內所提出的建議。當時他就極力主張：在沒有足夠配套措施前，不宜貿然實施推動。其中只有民編教科書在立委與社會壓力下被迫開放，但他也只開放國小教科書而已，所以外界批評他是「保守派勢力」。

郭爲藩說，至於九年一貫課程，原本要在他任內的八十二、八十三、八十四年，分別訂定國小、國中、高中新的課程標準，並應在八十四、八十五、八十六年間制訂新教材。結果繼任者（指吳京）並未制訂新教材，反而直接推動九年一貫課程，使得學生、家長、老師無所適從。

「九年一貫課程的立意良好，方向也沒有錯，卻錯在過於急躁。」郭爲藩指出：九年一貫強調統整性教學，但師範校院培育的仍是分科師資，師資來源出現嚴重斷層，九年一貫也跟著狀況百出。

部長更動頻繁

郭爲藩指出：教改最大問題在於部長更動頻繁。因爲每位部長都有自己的想法，但是任期過短，根本沒有足夠的時間實踐理想，也沒有時間完成配套方案，最後在急就章下推出新教改措施，「結果就是付出慘痛的代價」。

郭爲藩並對現今高中、大學數量過多的情形感到憂心。他指出，當年教改會提出「小班小校」的構想，是想藉廣設高中與大學的方式，讓明星學校自行消滅。導致的結果卻是數量變多，在嚴重分散教學資源的排擠效應下，使得教學品質下滑。

郭爲藩強調，從現今各種教改問題來看，政府應繼續常設教改審議機構，隨時提出建言，供教育部參考。社會各界也應改變觀念，不應將教改成果二分爲「成功」或「失敗」，或是將教改的責任全歸咎於李遠哲這些「對教育付出熱情的人」，讓教改只是流於批評而已。

郭爲藩主張：不要把教改的責任，「完全歸咎」於李遠哲。事實上，我們也不主張把教改的責任「完全歸咎」於李遠哲。我們要問的問題是：每位部長任期過短，確實是教改失敗的原因之一。然而，每位部長的任期爲什麼會這麼短呢？主政者以「急躁的」吳京替代「保守的」郭爲藩時，有沒有徵詢過誰的意見呢？

嚴重干預教育部

一週之後，監察院教育委員會召開「教育改革之成效與檢討」諮詢會議，邀請曾任教育部長一年八個月的吳京說明推動教改的過程。吳京坦言，教育部執行教改確有偏差，他也願意爲任內做的每一件事扛起責任。

他抱怨，教改步伐全亂，與七年內換五個教育部長有關，「眞的有這麼多不適任的部長嗎？當初又是誰把這麼多不適任的部長放在這個位置上？」吳京要監委想想，問題應該是出在「教育部長以上的人」。

現任成功大學公共事務研究中心主任吳京說，當時由中研院長李遠哲領軍的教改會，嚴重干預教育部施政。原本只是諮詢單位的教改會，讓教育部相當困擾。

「建構式數學」與「九年一貫學制」是吳京任內最受爭議的決策。不過吳京解釋說，建構式數學在他上任後兩個月即全面實施。當時他根本不知道這個名詞，所有的準備工作與時間表早已確定。至於「九年一貫」政策，雖是他所命名並推動，但外界訾議最多的「七大領域合科教學」，則是在他離任後才實施，以致現在的九年一貫，他已完全不認得。

國家教育研究院

郭爲藩建議的「常設教改審議機構」，也是〈重建教育宣言〉的主要訴求。李遠哲說：「有些人沒看過《教改諮議報告書》的內容，就任意批評。」對「重建教育連線」的發起人而言，這種說法並非事實。「重建教育連線」的發起人大多出版過批判教改的論文或專著；他們之中，還有人拿《教改諮議報告書》作爲上課討論的材料，怎麼會沒看過《教改諮議報告書》？就我自己而言，我雖然沒有像讀「聖經」那樣，一個字一個字讀它，我也看過《諮議報告書》。

在我看來，教改集團推行各種教改計畫時，最嚴重的疏失，是沒有切實執行《諮議報告書》的一項重要建議。在《教育改革總諮議報告書》的第三章「綜合建議」中，很明確地指出：我國「缺乏國家級教育研究機構：歐美及亞洲各國大多設有專門的教育研究機構（如日本的國立教育研究所、韓國的教育開發院），長期從事課程研究、修訂與發展，同時也進行各國教育比較、教育政策評析等研究工作。這些機構的成立，部分隸屬中央，部分爲獨立的財團法人，皆長期從事教育研究。目前我國高等教育學府雖有相關研究進行，但缺乏系統性、長期性及全面性，所能提供之研究成果有限。至於教育部雖設立『教育研究委員會』，負責課程修訂及有關之研究，但僅止於行政協調。實質研究工作仍以臨時委託方式進行，至於實驗、評鑑等工作，亦無整體計畫。」

因此，《教改諮議報告書》建議：「成立國家級教育研究院」。在我看來，這應當就是郭爲藩所謂的「常設教改審議機構」。這個建議是十分正確的。更清楚地說，教育政策的釐訂是件十分細致的社會工程。任何教育政策的興替，在正式施行之前，必須由專職專責的研究機構，以專業知識作爲基礎，先作深入的研究，收集各種相關的數據，試驗過一段時間之後，再正式付諸實施。實施之後，還要不斷追蹤研究，遇到問題必須立即設法修正，不能拿學生當白老鼠，貿然推出各種教改措拖，以免造成長期性的後遺症。

拿學生當白老鼠

令人遺憾的是：教改人士在推動各項教改措施時，似乎已經忘掉了自己的建議。截至目前爲止，國家教育研究院只有一個籌備處，教育部也沒有讓它發揮應有的功能。相反的，教改人士卻是在諾貝爾獎得主的光環照射之下，高舉著《教改諮議報告書》，拿數十萬學生當「教改白老鼠」，推出一波又一波的教改行動。像建構式數學，從民國八十二年起開始推動，三年後，在未經審慎評估的情況下，便決定全國推行。像九年一貫課程，前年剛由國小一年級開始實行，去年就擴及一、二、四、七年級。其中四、七年級原本學習舊課程，突然改用新課程，不僅造成適應上的困難，而且課程內容銜接不上，更產生了教學的嚴重障礙。像「一綱多本」的教科書，過去國立編譯館平均要花四年編輯一本「統編本」教科書，再經過一年的試用；但九年一貫課程的「審定本」教科書，卻未經試用便匆促上路，結果當然是內容錯誤百出，令人頭痛不已。

任何對西方心理學實驗稍有瞭解的人都知道：心理學研究十分重視研究倫理。任何可能損及個人權益的研究都必須經過心理學專業團體的「倫理委員會」仔細評估，確切肯定對人沒有害處之後，經由「倫理委員會」同意之後，才能付諸實施。心理學實驗猶且如此，何況是可能影響上百萬人終身福祉的教育改革措施？

明知故犯

在「教育重建連線」發表〈教改萬言書〉之後，八月四日，許倬雲院士在《中國時報》上發表了一篇大作〈也談教改〉，文中指出：

教改之草案，付之實施，功效不彰，並有許多副作用，確是大家必須檢討的問題。平心而論，此事最大失誤，可能在建議與執行之間，缺少了一批專業人士的評議，更缺少了一段試驗的過程，有了另一批專業人士的再次檢驗，即可摘出錯誤；有了幾家學校作爲實驗試點，即可在全面執行之前，早早發現缺陷。徒託空言，不如付之行事，古有明訓，因爲只有在實驗之中，方能不斷地調節。數十年前，中央大學所附設的實驗中學與實驗小學，還有專設的實驗班，以試驗教育理論之可能性，台灣的師大附中想來在學生實習之外，也有試驗教育理論與設計方案的功能。但是，這次教改的工作，似乎沒有借重教育界另一批專家的長才，早作曲突徙薪之提示，也未運用已有的實驗學校，先行試辦，甚至建議，庶幾從實踐中，一步一步改進理論所未逮。①

①許倬雲（二〇〇三）：〈也談教改〉。《中國時報》，八月四日。

許院士之言，確實是一針見血之論。問題是：《教改總諮議報告書》既然建議「成立國家級教育研究院」，長期從事教育研究，教育部爲什麼明知故犯，不讓「國家教育研究院」發揮應有的功能，反倒是依然故我，以臨時委託方式進行實質研究？

在思考這個問題的時候，我們要問的問題是：誰可以從這樣的疏忽中獲取利益？十年來，在推行教改的過程中，有許多教改人士趁機包攬教育部的研究計畫，攫取實質利益。他們一方面利用政治勢力的幫助，假借諾貝爾獎得主的光環，高舉《教改諮議報告書》，推行各種教改措施；一方面又向教育部或相關機構承包相關研究計畫，球員兼裁判，評估自己所推行的教改措施。任何人對他們所執行的教改措施提出批評，他們立刻祭出「反改革」、「保守落伍」的大帽子，弄得人人噤若寒蟬，莫敢作聲。

教改的詮釋者

舉個例子說吧，在「重建教育連線」發表教改萬言書，社會各界對教改亂象質疑不斷的時候，七月三十一日，國科會科教處發表師大數學系及新竹師範學院數學系所完成的一項調查報告，石破天驚地指出：完全學習建構式數學的小四學生，數學能力比十一年前的小四學生進步許多，此一事實顯示：建構式數學不會造成數學能力低落。

不過，許多數學專家對這項調查結果都覺得「不可思議」。台大數學系教授陳宜良表示：他對這種解釋方式不敢苟同。他指出：學習建構式數學的新生，去年下半年考試成績不好的問題浮現後，教育部不再獨尊建構式數學，各校教學模式也隨之轉變，因此小四學生從小四上的一半起，學的已經不完全是建構式數學了。

曾經飽受建構式數學之苦的民眾，看到這兩項對立的報導，可能會覺得奇怪：同樣一份研究資料，兩位專家怎麼會南轅北轍，作出完全不同的解讀？八月十九日，資優出版社社長林貴榮爆料說，國科會科教處處長林福來，當初曾參與制定建構式數學課程綱要，是建構式數學的幕後推手；如今身爲國科會科教處處長，又委託學者研究評估建構式數學成效，同時也取得了對研究結果的詮釋權，有球員兼裁判之嫌。林貴榮抨擊科教處此舉「是把自己的公信力踩在腳下」，他呼籲監察院要調查政策疏失，教育部不能卸責，要還給孩子一個公道。

教改受益者

教育部長黃榮村也表示，建構式數學去年引起爭議後，多數家長或學校已自行教導孩子背九九乘法，教育部也已要求學校補救銜接教學，國科會半年後才作的研究報告，只能「慶幸」小四生的數學能力沒變差，但究竟是恢復傳統教學，或建構式數學功勞已分不清，這時再來追究誰是誰非已太遲。

對於此一公案，更令人感興趣的是：執行這項計畫的師大數學系教授洪萬生，是行政院青年輔導委員會主委林芳玫的丈夫；新竹師範學院的校長曾憲政，則是前行政院教育改革審議委員會的執行祕書。他們和林處長的關係如何，局外人不得而知；可是，科教處的作法，和許院士所主張的「在建議和執行之間，由另一批專業人士再檢驗」顯然不相一致。教改人士常見的「球員兼裁判」之作爲，更明顯違背了《教改諮議報告書》的建議。教育部寧可讓教改人士承包各種研究計畫，卻遲遲不肯讓國家教育研究院發揮應有的功能，這難道不是教改失敗的主要原因嗎？

我們同意許院士的論點，「凡事功罪，都未必可由一二位人物擔當」，我們也不主張「揪出一個人，擔起全部的罪責」。然而，當教改龍頭三番兩次要求大家看《教改諮議報告書》，當教改人士的實際作爲出爾反爾地違反了《教改諮議報告書》的主張，我們倒是建議：監察院或相關民意機構不妨查查：十年來，包括歷任教育部長在內的教改人士，到底承包了多少跟教改有關的研究計畫？如果教育改革的最大受益者就是倡議「改革」的人，這算是什麼「改革」呢？

反傳統的四一〇教改活動

在《誰捉弄了台灣教改？》的新書發表會上，我講了一句話：台灣的教改很像大陸當年的文化大革命。這句話一說出口，立刻引起了記者的追問，第二天媒體也爭相報導。要說明這個觀點，必須從幾個層面，再作進一步的析論。

民國八十三年（一九九四）四月十日，台大教授黃武雄等人發起民間「四一〇教改大遊行」。當天下午，有兩三萬民眾一起聚集於台北市中正紀念堂，發表了一份名爲〈希望的火花來自民間〉的聲明書。聲明書中提到，台灣的政治雖已解嚴將近八年，但民間從來沒有機會思考台灣的社會將何去何從？這其間，在各個領域如：環保、國防、教育等方面的政策，無一不是由政府主動設計。民間基本上缺乏參與決策的空間。四一○教育改革活動，是台灣解嚴後，首次由民間爭取主動權，希望由結構面改造台灣教育，不再落入過去「政府施令，人民服從」的框架中。四一○教改並提出了四項訴求：

（一）落實小班小校。

（二）廣設高中大學

（三）推動教育現代化

（四）制訂教育基本法

「落實小班小校」及「廣設高中大學」兩項訴求，係針對國內教育長期以來的「管理主義」及「升學主義」而提出來的。民間教改人士認爲：這兩種主義的產生，主要是政治貫穿教育的「中央集權主義」，以及教育資源之「粗廉主義」所導致。即使在政治解嚴若干年後，台灣教育實質上並沒有隨之解嚴，離教育的正常化與現代化仍非常遙遠。

當時台灣中小學教育環境，普遍爲「大班大校」，不管是學校也好、班級也好，在上千人的學校中進行教學，如何維護校園安靜秩序，成爲學校的第一要務。學校爲了維護秩序，不得不以「管理」作爲前提，反而將校園應有的價値觀，如尊重學生個別差異、教學活潑化等，予以抹煞。再加上升學競爭，使得學生成爲學校管理的工具。在全校統一進度、教材、考試、評分、作息、甚至秩序等各面向要求下，教師必須透過不斷的體罰及密集考試，來進行教學活動。因此，四一○教改呼籲，以落實「小班小校」的策略來消除教育環境中的管理主義。

「廣設高中大學」則是爲了要消除升學主義根源，突破升學瓶頸，抒解升學壓力，讓受教者有較多機會選擇學習管道，讓每個人擁有較寬廣的升學空間，以解決升學主義的問題。

凝聚「社會共識」

爲了回應民間團體的壓力，教育部長郭爲藩在「第七次全國教育會議」中，建議模仿日本「臨時教育審議會」的作法，成立類似機構，來協助教改事宜。當時的李登輝總統及副總統兼行政院長連戰都十分重視教育，隨即將教育改革列爲當時政府四大改革議題之中，連戰並邀請甫回國出任中研院的李遠哲擔任教改召集人。

一九九四年九月二十一日，「教育改革審議委員會」正式成立，由當時台灣科大化學系曾憲政教授擔任執行祕書兼發言人。教改會每年預算三千萬，爲期兩年，主要負責國內重大教育改革方案或政策的研議、審議、建議、與諮詢。教改會屬於臨時任務編組，並不從事執行教育實務工作。

教改會前後邀請三十餘位社會碩彥擔任審議委員，並將教改會委員分爲四組，即「教育理念」、「中小學與學前教育」、「高等教育」、「綜合與特殊教育」；每組就不同議題進行討論，希望透過討論以建立全民共識。在兩年間，教改會總共召開三十四次委員大會，平均每三個禮拜開一次會；每半年出一本《教改諮議報告書》，提出我國未來教育改革的總綱領。

爲了彙集各方意見，教改會並在每週五下午，邀請各界人士，進行「教育大家談」，共二十場；除此之外，李遠哲並曾率領教改委員下鄉舉辦過二十八場「教改列車」

座談會，直接跟民眾及基層教育工作者面對面溝通，探討教育問題，並宣揚教改理念。

兩極化的評價

從教改人士的觀點來看，經由這種「民主程序」，匯合當時社會菁英之智慧，凝聚而成的《教改諮議報告書》，應當很能夠反映時代的需求，並代表台灣社會的共識。然而，由於教改會成員在專長及留學國家方面，都有相當高的同質性，當時的社會氛圍，又把師範體系的教育學者，視爲「舊體制的支持者」；教改政策的形成，基本上缺乏基層的教育工作者的參與，政策形成的過程，沒有充分考量台灣本土教育生態以及社會脈絡。教改會雖然曾經以「教育大家談」、「教改列車」的方式，到處辦座談會，「廣徵民隱」，但基層教師其實很難改變教改會既有的決議。因此，學術界對經由這種程序所炮製出來的《教改總諮議報告書》便有兩極化的評價。譬如，擔任過教改委員的許倬雲院士在〈也談教改〉一文中說：

教改工作之初，我也奉命參加，但在第一次會議之後，我即因人在海外，難以經常出席，辭了委員之職，兩年籌議，訪談人數眾多，包括教師、家長、學生……，遍及全國各地，收集的意見，不爲不廣博。以我旁觀者的觀點來看，這一工作，幾乎已是成語「築室道謀」的典型！②

「築室道謀」的另一說法是「閉門造車」。吳京在卸任教育部長之後，曾經公開表示，在他部長任內，教改會對教育部的督促頗多，「有個教改部（指李遠哲）指導著教育部」，但《教改總諮議報告書》中的建議，實務上並不容易推動，他覺得最無法承受的是，「這不就是我的孩子在美國受教育的歷程嗎？」

吳京表示：美國的教改也發生了許多問題，難道美國也不作調整嗎？當他知道教改會委員沒有與美國教育部聯繫、進一步溝通，只是關著門自己作研究時，他的心已涼了半截。「如果這本報告書可行，我會那麼笨，不按照書上的去做嗎？」

教改的聖經

「築室道謀」也好，「閉門造車」也罷，《教改總諮議報告書》既然是凝聚社會菁英之智慧所形成的「共識」，在形成的過程中，又曾經廣泛徵詢各界意見，一旦炮製完成後，便獲得了至高無上的正當性，因而變成台灣教改的「聖經」。前文說過，《教改總諮議報告書》中，有一項十分重要的建議：「成立國家教育研究院」，由專業人員對各項教改計畫先作深入的研究，並作客觀的評估。在我看來，事先周詳的研究和實驗，是達成教育改革目標的必要條件，也是教育改革工程得以理性進行的唯一保證。

遺憾的是：這本《教改總諮議報告書》炮製完成之後，我們的教改龍頭再也不管什麼「國家教育研究院」或「理性的研究和實驗」，反倒是一手拿著「教改聖經」，一手拉著「政治高層」，要求教育部實踐他的「教改理念」。若有哪位部長基於教育專業的考量而不肯配合，他便很可能被戴上「保守派」、「親中派」、「不夠本土」的帽子，「拉下馬、靠邊站」。部長們瞭解到「教育部」之上還有個「教改部」，在「嚴重干預」教育部的施政，他們當然得小心翼翼，兢兢業業地實踐「部長以上那個人」的「教改理念」。

②許倬雲（二〇〇三），同①。

即使如此，我們的教育部長仍然是更換頻繁，從一九九四年教改會成立之後，九年之間，換了六位部長。

教育界的「文革」

在「教改部」的指導之下，在「教育部」的強烈推動之下，我們的社會中也出現了一批「教改專家」，他們舉著「教改聖經」，在諾貝爾獎得主的光環照射之下，推出一波又一波的教改行動。儘管老師、學生、和家長對這些教改措施都普遍感到不滿，他們仍然是我行我素，蠻幹到底。若是有人質疑他們的作爲，教改龍頭馬上發聲，要他們好好看「教改聖經」，說「沒有看那本書就批評是不對的」。若是有基層教師表示不滿，他們馬上祭出「反改革」、「不肯努力學習」、「同情保守勢力」之類的大帽子，弄得人人噤若寒蟬，莫敢出聲。當社會大眾普遍質疑某種教改措施，他們立刻動員附從的社會菁英，大聲疾呼：「教改不能走回頭路！」

這種「霸王硬上弓」的作法，使得台灣的教改出現了一種十分弔詭的現象：在教改推行之初，許多自由派的學者口口聲聲說，教改的基本精神是一種「由下而上」的「自由」、「鬆綁」、「多元」、「國家退出，市場介入」；可是，教改實踐的結果，只在有利可圖的教科書、補習班、各級私立學校的設立等方面「國家退出，市場介入」；至於在「教改理念」方面，則從教改龍頭主掌教改會開始，仍然是「九年一貫」地「由上而下」，一點都不「多元」，也看不出有什麼「鬆綁」、「自由」的跡象。

從社會心理學的角度來看，這種民粹主義式的手法跟當年的紅衛兵在大陸上搞「文化大革命」其實沒什麼兩樣：文革有「老毛」（毛澤東）領導，台灣也有個「老李」（李登輝）；文革有一本「小紅書」作爲最高指導原則，台灣教改也有一本「聖經」（《教改諮議報告書》）。「偉大的領袖」爲了要推翻舊體制，由「紅衛兵」在體制外成立「革委會」，再製造初一些神聖的政治符碼，動員群眾，高舉「小紅書」，來鬧革命。至於「小紅書」的內容在說些什麼，根本很少有人加以理會。「權、權、權，命相連」，紅衛兵們所關心的，只是如何利用「一片大好」的情勢，緊緊抓住權力。「改革」到最後，倒楣的仍然是被挾持動員的群眾。等到社會上亂象叢生，群眾哀號不已的時候，「紅衛兵」驚慌失措，「四人幫」把手一攤，表示要負責的只有「千年科舉制度的累積」！這話倒是說得不錯，「革委會」本來就是體制外的組織，其目的就是要衝撞「千年封建制度的累積」，用「大格局」來看他的「革命行動」，你能要他負什麼責任？

五、建構新文化

在上一章中，我提到：台灣的教改很像大陸的「文化大革命」。然而，我在上一章所作的對比，其實只是從其外在形式來作比較。我們要說明：台灣的十年教改，已經讓台灣的教育經歷了一場「文化大革命」，必須再進一步從其內在理念來加以分析。

鄉土語言教學

在本書第一章中，作者指出：「建構實在論」的科學哲學跟教改學者所主張的「建構主義」是完全不一樣的。「建構主義」的流派雖然很多，其共同點卻是認爲：知識是人們在社會互動的過程中所建構出來的。藉由教育的過程，人們可以建構出任何的知識。舉個鄉土語言教學的例子來說，**ABU DIE DZAUKA**看起來像是一連串毫無意義的字串，主張鄉土語言教學的人認爲：只要我們從小教兒童讀這些字串，久而久之，他自然會知道：這一串字代表「阿母在灶腳」，我們就可以用這一串字取代漢字，建構出新的台灣文化。

然而，「建構實在論」對知識卻有完全不同的看法。「建構實在論」雖然也同意：

知識是人類所建構出來的，可是知識的建構必須以「實在」（reality）作爲基礎，必須要能夠禁得起科學方法的檢驗，不是一群學者關起門來，就可以憑空「建構」的。

人們在生活世界中所使用的語言是人類經過長久的歷史所建構出來的，它有一定的內在邏輯，構成一種完整的符號體系，它也是一種「實在」，並不是像教改學者所想像的那樣，愛怎麼建構，就可以怎麼建構。譬如：**ABU DIE DZAUKA**這一串字，一個正在學英語的兒童，可能認得其中「**DIE**」這個字，在英文裡的意思是「死」，他同時學習英語和這種「新語言」，就可能將這串字「建構」成「阿母死在灶腳」，因爲在英語系統裡，「**DIE**」的意思是「死」，這是一種難以改變的「實在」。

同樣的，對一個正在學中文的兒童而言，要他同時將學鄉土語言中的「放屎」（大便）、「狗蟻」（螞蟻）、「腳撐」（屁股）、「喙齒」（出去）、「因咧抛抛走」（他們在到處跑）、「看啥恰勢走」（看誰較會跑），那不知道是在折磨兒童，還是在跟他們開玩笑。因爲括弧中的中文，是經過長久歷史所發展出來的語言系統，而括弧前的「鄉土語言」則是「鄉土語言專家」憑空「建構」出來的「新語言」。要一個兒童同時學習這兩套語言系統，他不會搞混才怪！

把孩子逼瘋

二〇〇二年十月十一日，教育部邀請學者、專家及學校代表召開「國小低年級語言教學問題」會議，與會學者痛批，要求小學一年級學生學習三種語言，根本是要把孩子逼瘋。

國立台中師範語文教育研究中心蘇伊文說，她本身是中文碩士，又在美國拿到語言學博士學位，最有資格來談語言教育，就語言干擾的問題來說，法文和英文因爲使用同一種音標系統，很容易在學習法文和英文時互相干擾。

蘇伊文指出，一位來自香港的孩子，宣稱通四種語言，結果沒有一句話說得很完整，也無法用同一種語言唱完一首歌：九年一貫的語言領域教學，她看了就想罵，她認爲「教育不是隨便看看就可以解決」。

國立台北師範學院兒童英語研究所所長張湘君指出，未來小學生除非只學語言，其它社會、自然領域都不用管，否則她堅決反對從小學一年級開始學習英語。

張湘君說，整個教學的工具中，國語是最重要的，除了英語之外，其他科目都是用國語寫的，學英語只是市場需求，不是必然的。很多市場需求都是由家長的心態來決定，因此，她認爲，國語應該還是最重要的教學工具。

張湘君提出研究實例指出，有些孩子在父母鼓勵下，開始學英語，結果，孩子對英語感興趣之後，竟然發現學習國語是件很困難的事。她強調，如果有一天孩子說「學習國語太難了」，我們付出的代價就太大了。

政治正確

這兩位教授是從教育專業的角度在看「鄉土語言教學」的問題。然而，在台灣，「鄉土語言教學」並不純然是「教育專業」的問題；它還涉及政治意識形態的是否正確。二〇〇一年十二月三日前總統李登輝成立的「群策會」，在十九、二十日兩天，舉辦大型的邁向「正常國家」研討會。所謂的「正常」，當然是李登輝心目中對台灣歷史詮釋下的架構。李登輝親自設計了「憲政」、「經濟」與「教育」三個會議主軸，討論如何全面建構以台灣主體性作爲基礎的新國家，以呼應李登輝所鼓吹的「二〇〇八台灣建國論」。

在群策會中所辦的五場「教育」研討會中，最強烈的聲浪就是要求在教育內容中，增加更多的母語教學，更多的本土教材。

李登輝在總結研討會的結論時，表示要彙集在場本土專家學者的意見，「送給政府參考」。所謂「參考」，其實就是希望民進黨政府具體執行。在「愛台灣」與「不愛台灣」這樣兩極性政治考量下，我們的語言教育政策於是隱然成形。由此觀之，只要「政治正確」，「學習國語太難」又有什麼關係呢？這不正中「本土派」的下懷嗎？

新文化的建構

以「建構主義」作爲塑造新文化的哲學基礎，在社會領域的課程中可以看得最爲清楚。有一位國中教師指出①：

①張教（二〇〇三）：〈國一社會科教本宜求精要化〉。《港都文教簡訊》，頁十七～十九。

一些涉及道德、政治或文化部分的教材，顯然仍是全盤移植自美國中小學的教材，如在「紀念母親節」的所謂「學習單」上，要學生「給媽媽一個愛的擁抱」、「向母親說『我愛你』」。

對此種不合國情的作業要求，會讓學生感覺格格不入和無所適從。對人「擁抱」或說「我愛你」，是西方社會的一種極自然而經常行之的禮貌行為，同性與異性之間都可為之，然此種西式禮貌行為在東方或中國人的社會看來，就十分尷尬。「編寫教材，必須注意文化差異」，要一個十四年不曾向母親說「我愛你！」亦從來未曾擁抱過母親的少年，要他們僅是為了應付作業上的要求，而勉強為之，又會產生什麼教育上的正面意義？

這位教師的觀點是傾向於「建構實在論」，認為存在於我們文化中的行為習慣，是一種「實在」，很不容易加以改變。然而，教改專家的立場卻是偏向「建構主義」，認為只要在「學習單」上反覆強調，自然就可以「建構」出「新文化」。這位教師不瞭解「建構主義」的精義，又繼續抱怨：

台灣四大族群之間，姓氏都用「百家姓」，節日多過中秋、端午和新年，文字都用中國字，語言多屬漢音，何有「小同大異」之處？然而，在「多元文化」上，不少教本卻不從「很好！我們是大同小異！」的事實上申論，而硬要從「還好！我們很不一樣！」的小異面切入，吾人不解，此對族群的和諧有何助益？

熟讀「三民主義」，推行「國語」，以及加強認識「台灣」，都沒有什麼不好，但是爲什麼弄到最後，人們會產生排斥與厭棄的心理，就是「強行灌輸」和「飽足學習」的下場，最後演變成一種摧殘和洗腦的夢魘。

今天國民中小學有關「認識台灣」的史地和公民道德部分，即有「飽足」與「強制」學習的偏向。

前朝在教育上的缺點，我們反對，政權到自己手裡，就應極力避免和改進，尤其在國中、小學的教材上，應講求眞實、合理與適度，不可流於繁雜、重複與偏頗。

可是在教改專家看來，教材不一而再、再而三地重複，不「擴張小異，壓縮大同」，怎麼能「建構」出「新文化」呢？至於嫌教材「繁雜」、「偏頗」，顯然是這位老師立場有問題，「政治不夠正確」，不足爲訓。

今天台灣的教改，就流於爲顯示教改而教改，爲求擺脫傳統而教改。豈能不知，傳統的東西也有好的，不能一併把好的都不要了。

教改的另一缺失，在「破而未立」，在教本上強調「多元文化」，而說不出何謂有價值的多元文化，強調「制度現代化」，而說不出現有的現代化制度是些什麼，又說「觀念現代化」，更道不出「破四舊，立四新」的「四新」是些什麼！

教本的「破而未立」，將使學生的思想、行爲無所依循，校園變成「祇要我喜歡，有什麼不可以！」，連什麼「孝順父母」、「尊敬師長」、「謙虛禮讓」、「輕言細語」等基本的待人與生活態度，都忘得一乾二淨了！

諸如此類的抱怨，根本就是「政治不正確」，充分顯示出這位老師是位擁抱傳統的「保守派」，思想跟不上時代，是「現代化」的障礙，是「反改革」的代表，應當列爲「改革的對象」！還要努力學習「新時代的價值觀」！

主觀知識的建構

在各種教改措施中，最能夠說明其「哲學基礎」者，是建構式數學。建構式數學所依據的「建構主義」，據說是源自早期心理學家皮亞傑研究認知發展所提出的概念，認為孩子在認識一件事物時，基本上是要建構出一個認知的結構；這個結構不是零碎的片段，而是要對該一事物建構出完整的結構，對該一事物有通盤的瞭解，才能進一步加以應用。這樣的結構並不是透過別人的灌輸，而是透過自己的學習過程，逐步建構起來。因為學習要從個人的內在動機開始，才能建構知識。建構知識的過程，應當是一種內在自發性的活動；所有外在的教導、訓練、學習，甚至是別人給他的壓力及督促，都只有協助性的作用而已。

因此，在建構式數學的理念中，並沒有固定標準的模式，只要能夠達到課程和教學目標的方式都可以進行。教師的主要工作就是啓發學生的學習動機，並針對學生生活中面臨的問題進行解答。在解數學題時，盡量不告訴學生正確的解法，而是讓學生獨立自主地解題，列出可能的解法，在課堂上討論各種解法的優缺點，而不是答案正確與否。

學生在課堂中可以利用教室中的硬體資源，可以進行討論，也可以交互質疑，然後透過發表正反不同意見，直到全班得到共識爲止。

任何對心理學稍有研究的人都知道：皮亞傑的認知發展理論所談的是「主觀知識」的建構，而不是「客觀知識」的傳授。從「建構實在論」的角度來看，人類「主觀知識」的建構，必須以「客觀知識」作爲基礎，學校裡的教育，除了建構能力的培養之外，也必須重視「核心知識」（core knowledge）的傳授。學生才能以之作爲基礎，由「部分」建構出「整體」，建構出屬於自己的「主觀意識」。如果誤以爲所有知識的獲得都必須透過建構的過程，那等於是否定人類過去所累積下來的知識，認爲一切知識的學習都必須從零開始建構，最後必然走上「文化虛無主義」的道路。

建構式數學的歧路

一九九二年十二月，美國教育部也曾經提出一項建構主義的數學計畫。這個計畫提出之後，立刻遭到全美國數學家及教育家的公開反駁，認爲這種數學方式會妨礙學生學習，無法做好往後上大學的準備，到了二〇〇〇年四月，美國數學教師國家委員會發表了學習數學的原則及標準，內容明確提到，恢復使用機械式的計算乘法，也就是必須背誦九九乘法表。換句話說，美國已經發現建構主義在教學上的缺點，並試圖加以改進。

然而，作爲美國學術殖民地的台灣，卻有一批教改學者，不分青紅皀白地把美國「最新」流行的學術思想引入台灣，沒有經過審愼評估，就藉由政治勢力的幫助，開始全面推行。一九九三年，前台大數學系副教授黃敏晃擔任國小數學課程標準小組召集人，該小組成員共十五人，以學者、國小教師爲主。課程標準公布後，國立編譯館及民間出版業再據以編輯教科書。令人感到奇怪的是，國立編譯館國小數學教科書的主編也是黃敏晃副教授。同一批人一面制訂國小課程標準，一面又負責教科書的審查工作，結果建構式數學竟然成爲教學的唯一標準。

建構式的教法在國外有許多派別，移植到台灣之後，經由政治力的運作，竟然變成了「只此一家，別無分號」。「唯我獨尊」再加上「霸王硬上弓」的結果，自然是百病齊發，問題業生。

化簡爲繁的計算過程

建構式數學將計算過程化簡爲繁，不鼓勵學生背九九乘法表，簡單的乘法成爲加法的延伸，過去只要兩個步驟即可完成的運算，需要花十個步驟才能得到答案。建構的結果讓學生的運算能力下降，可是其理解能力並未提升。其具體問題正如網路所流傳的一則有關建構式數學的笑話：

例題：小明的媽媽給小明三萬塊去買二〇〇箱速食麵，每箱三〇包，每包五元，請問小明剩下幾元？

A：30＋30=60
60＋30=90
90＋30=120
⋯⋯
970＋30=6000

30000-5=29995
29995-5=29990
⋯⋯
5-5=0 總共有六〇〇〇個算式

結論是：小明沒剩錢……只剩半條命

誰說我誤國誤民？

儘管建構式數學在推行過程中衍生出不少問題，教育部仍然是一意弧行，堅持到底。全面推行六年之後，到了二〇〇二年九月，國中一年級新生正式實施九年一貫課程。這一屆的學生正好是國小第一屆實施建構式數學的學生。他們進了國中之後，第一次段考的數學成績較以往大幅下降，引起各大媒體廣大的討論，認爲實施建構式數學造成學生計算數學及解題能力全面下降，因而引起各界恐慌。在短短半年之內，教育部匆忙下令規定：從此之後，國小不再獨尊建構式數學的教學方式。然而，已經在使用的教科書，卻來不及改變。目前小三、小五、小六仍然是使用民國一九九三年公布的課程標準，繼續實施建構式數學。過去國小三年級學生就會的九九乘法，現在的學生甚至到了六年級還不會。

在二〇〇二年入學的國一新生，進入國中之後，由於數學能力的銜接出現極大問題，許多學校只好對國一新生進行數學的補救教學。

建構式數學從被奉若神明淪落到幾乎人人喊打，當年風光推動建構式數學的台大副教授卻只留下了一句話：「您可以說我書編得很爛，但要說我誤國誤民，還有待爭議！」

六、知識虛無主義

建構式數學以全國兩百餘萬學生當白老鼠，實驗六年之後，才匆忙叫停。問題的根本癥結所在，是其哲學基礎在於「建構主義」，而不是「建構實在論」：認爲數學的學習，主要在於歷程的建構，而不在於正確的答案。不重視客觀實在的知識，最後終於落入「知識虛無主義」的陷阱，而難以自拔。我們現在面臨的更嚴重問題是：九年一貫課程的哲學基礎也是「建構主義」，也不是「建構實在論」，九年一貫課程全面實施之後，我們恐怕也要墜入「知識虛無主義」的深淵，而難以自拔。

要說明這一點，我們必須先回顧九年一貫課程的具體內容，以及貫穿於其中的「教改理念」。九年一貫課程的由來，是一九九六年立法院審查預算時，有立委提出課程改革的要求，要教育部進行課程修訂。一九九七年四月，教育部成立「國民中小學課程發展專案小組」，積極規畫九年一貫課程綱要，並於林清江部長任內提出「基本能力」的觀念。七個月後的一九九八年九月，提出「九年一貫課程總綱要」，同時推出「十項基本能力」及「七大學習領域」。

李遠哲的教改理念

在九年一貫課程之初，教改龍頭李遠哲說過一段話，很能夠說明九年一貫課程的根本精神所在：

今天我想介紹一個有關教育的新概念，稱爲「能力導向」。通常大家想到學校裡的教育，好像只是爲了國文、數學、史地、理化等等學科目方面的知識。其實上學還可以學會很多其他的能力，例如有的孩子變得比較合群，有的人做起事來漸漸條理分明。學校教育的目的，除了知識之外，也要培養基本的生活和做事的能力，這就是我們稱爲「能力導向」的教育。

「能力導向」的教育，概念上並不難懂。但如果家長和學校求好心切，只知道塡鴨教育，就會造成那種「只會念書，其他什麼都不懂」的學生出來。這個現象，不只是台灣如此，很多國家的教育改革都在想同樣的問題，就是怎麼樣把學校教育的內容，盡量和學生將來在工作場合、在人生過程中需要的各種基本能力、關鍵能力，配合起來。目前各地教育改革的一個重點，就是把以往「知識導向」的教育，改成以「能力導向」爲主。

舉例而言，老師可以要求學生的功課必須要分組合作，使用各種資訊網路去蒐集資料，多用和實際生活相關的教材等等。這些原則看起來簡單，但如果要在教室裡應用，還需要教育改革者繼續研究發展好的「教材教法」和教師手冊。只要大家接受了「能力導向」的教育概念，我相信過去那種只知道「讀死書」的現象，慢慢會減少，「教育即生活」的理想也才能實現。①

九年一貫的指導原則

李遠哲認爲：以往的教育是「知識導向」的，教改的重點，就是要將它改爲「能力導向」的；以往的「塡鴨教育」，會造成那種「只會念書，其他什麼都不懂」的學生。

①太史簡（二〇〇三）：《教改野火集》。台中：領行文化，頁九九～一〇〇。

改成「能力導向」的教育之後，「讀死書」的現象就會慢慢減少，就能實現「教育即生活」的理想。他很簡單地將「知識導向」和「能力導向」二元對立，成爲九年一貫課程的「最高指導原則」，在這個原則的指導之下，教育部說，九年一貫課程有五點特色：

1. 以「基本能力」取代學科知識。
2. 國小自五年級開始實施英語教學。
3. 重視學習領域的統整。
4. 注重學校本位課程的設計。
5. 完整結合課程教學與評鑑工作。

這五點特色，處處都反映出「知識虛無主義」的色彩。九年一貫課程所造成的種種困難，都是從「知識導向」和「能力導向」的二元對立中衍生出來的。九年一貫課程從二〇〇一年於國小一年級開始推行，翌年即延伸至二、四、七年級推行；更預計在四年內（二〇〇四）全面實行新的課程，速度之快、幅度之大前所未見。很多人覺得非常奇怪，九年一貫課程涵蓋了國小到國中全部的教學內容，不管這套課程的內容有多神妙，按理說，要推行這樣的新課程，也應當循序漸進，由一年級至九年級，逐年實施，才不會產生課程銜接的問題。

課程銜接的困難

然而，教育部門在理念尚有待溝通、相關配套措施殘缺不全、師資培育亟需加強的情況下，就「霸王硬上弓」，貿然付諸行動；實施的程序更是漫無章法，前年（二〇〇一）由國小一年級開始實行，去年（二〇〇二）就擴及一、二、四、七年級。其中四、七年級原本學習舊課程，突然改用新課程，學習形態驟然改變，不僅造成適應上的困難，而且課程內容銜接不上，更產生了教學上的障礙。這麼明顯的問題，難道教改專家會看不出來嗎？

然而，從教改集團的哲學來看，這些困難卻不構成任何的問題。因爲教育改革的重點，就是要把「知識導向」的教育，改成以「能力導向」爲主。知識內容的銜接，本來就是教改所要顛覆的對象；學習形態的改變，更是教改所要達成的目標；任何適應上的困難，都是爲了達成教改目標必須付出的代價。教改導師不是說得很清楚嗎？「教育即生活」嘛。爲了達成教育改革的偉大目標，付出這點代價算得了什麼呢？

七大學習領域

九年一貫課程將傳統的分科教學，合併成七大學習領域。這七大學習領域分別爲：

一、**語文**

包含本國語文、英語等，注重對語文的聽說讀寫、基本溝通能力、文化與習俗等方面的學習。

二、**健康與體育**

包含身心發展與保健、運動技能、健康環境、運動與健康的生活習慣等方面的學習。

廣 告 回 信
台灣北區郵政 管理局登記證
北台字第15949號

235-62
台北縣中和市中正路800號13樓之3

印刻出版有限公司　收

讀者服務部

姓名：＿＿＿＿＿＿＿＿　性別：□男　□女

郵遞區號：＿＿＿＿＿＿

地址：＿＿＿＿＿＿＿＿＿＿＿＿＿＿

電話：（日）＿＿＿＿＿＿＿（夜）＿＿＿＿＿＿＿

傳真：＿＿＿＿＿＿＿＿

e-mail：＿＿＿＿＿＿＿＿＿＿＿＿＿

INK

INK PUBLISHING

讀者服務卡

您買的書是：______________________________

生日：________年________月________日

學歷：□國中　□高中　□大專　□研究所（含以上）

職業：□軍　□公　□教育　□商　□農

□服務業　□自由業　□學生　□家管

□製造業　□銷售員　□資訊業　□大衆傳播

□醫藥業　□交通業　□貿易業　□其他__________

購買的日期：________年________月________日

購書地點：□書店　□書展　□書報攤　□郵購　□直銷　□贈閱　□其他

您從那裡得知本書：□書店　□報紙　□雜誌　□網路　□親友介紹

□DM傳單　□廣播　□電視　□其他

您對本書的評價：(請填代號 1.非常滿意 2.滿意 3.普通 4.不滿意 5.非常不滿意)

內容______　封面設計______　版面設計______

讀完本書後您覺得：

1.□非常喜歡　2.□喜歡　3.□普通　4.□不喜歡　5.□非常不喜歡

您對於本書建議：

感謝您的惠顧，為了提供更好的服務，請填妥各欄資料，將讀者服務卡直接寄回或傳真本社，我們將隨時提供最新的出版、活動等相關訊息。

讀者服務專線：（02）2228-1626　讀者傳真專線：（02）2228-1598

三、**社會**

包含歷史文化、地理環境、社會制度、道德規範、政治發展、經濟活動、人際互動、公民責任、鄉土教育、生活應用、愛護環境與實踐等方面的學習。

四、**藝術與人文**

包含音樂、視覺藝術、表演藝術等方面的學習，陶冶學生藝文之興趣與嗜好，俾能積極參與藝文活動，以提升其感受力、想像力、創造力等藝術能力與素養。

五、**自然與生活科技**

包含物質與能、生命世界、地球環境、生態保育、資訊科技等的學習、注重科學及科學研究知能，培養尊重生命、愛護環境的情操及善用科技與運用資訊等能力，並能實踐於日常生活中。

六、**數學**

包含數、形、量基本概念之認知，具運算能力、組織能力，並能應用於日常生活中，瞭解推理、解題思考過程，以及與他人溝通數學內涵的能力，並能做與其他學習領域適當題材相關之連結。

七、綜合活動

包含童軍活動、輔導活動、團體活動及運用校內外資源獨立設計之學習活動。

在這七大學習領域中，各學習領域的學習階段，係參照該學習領域之知識結構及學習心理之連續發展原則而劃分，每一階段皆訂出其「能力指標」。很多人覺得奇怪：爲什麼這七大學習領域都一再強調：各式各樣的「能力」和「能力指標」，卻不談「知識」呢？

在〈談新世紀的教育目標與課程設計〉時，李遠哲很清楚地告訴大家：

面對這種知識快速累積的新時代趨勢，學生不應該只是被動地記憶一大堆新知識，不僅得活用，更重要的是，他們要能知道如何擷取大量的現代資訊，依據自己的需要和興趣來累積新的知識和技能。有了這樣的體認，學校課程的設計才不會放入太多不必要的東西，加重學生的學習壓力，降低學習興趣。②

由此可見，李遠哲關心的不是「知識」，而是如何由「大量現代資訊」中累積「新知識和技能」的能力。這種「能力取向」而非「知識取向」的教育，在課程設計方面會有什麼後果？

「反智主義」的課程設計

一九九九公布的「教育基本法」指出：我國教育的目標是培養人民健全人格、民主素養、法治觀念、人文涵養、強健體魄及思考創造能力並進等，成爲有國家意識、國際視野的現代化人民。

有人拿它和我國憲法或原有的國民教育法規定互相比較，赫然發現：憲法規定我國國民教育係以培養「德智體群美」五育均衡發展的健全國民爲目標，但在「基本教育法」

②李遠哲（二〇〇二）：〈談新世紀的教育目標與課程設計〉。《世紀之交的台灣與世界》。台北：遠流，頁九十六。

中完全沒有提到「智育」。更清楚地說，九年一貫課程提出以十大基本能力爲依據，取代過去實施已久的「德智體群美」五育均衡的發展目標。不談「德育」，而以人文情懷來取代；不談民主精神教育，而以鄉土與國際意識及多元文化價值來取代；不談智育，而強調以生活爲中心的能力；連科學知能的培養，也注重適應現代生活的需要。

針對這樣的課程設計，東吳大學校長物理學者劉源俊提出了許多質疑：在他看來，七大學習領域裡，把「自然」與「生活科技」放在一起，最令人難以理解。因爲「自然」主要是在學習科學的精神、知識和方法；但是技術或科技主要是應用的層次，把這兩部分併在一起，將構成一種「非常不尋常」的學科。

從教改的大方向來看，劉源俊的質疑其實是很容易理解的。教改龍頭說得很清楚：

五育並重的理想在文憑主義和升學主義下，過度強調智育發展的結果，以致於某些學生的特殊才能和天資受到壓抑，無法在現有的教育體制中獲得充分發揮。這對於整個社會國家而言，都是人力發展上的損失。③

因此，未來的課程改革，就是要把以往「知識導向」的教育，改變成為「能力導向」的教育，讓每個學生的潛能都得到「適才適性」的發展。劉源俊校長是物理學者，他所談的「科學精神、知識和方法」都涉及「客觀知識」的建構。教育改革要培養的既然是具有各種「生活能力」的「新人類」，將「自然」和「生活科技」合併在一起，即使「不尋常」，又有什麼關係？反正又沒有違背教改的大方向！

一綱多本的教科書

自從民國五十七年（一九六八）實施義務教育以來，二十年間，台灣中小學教科書一直是國立編譯館根據教育部規定的課程標準來編寫、印刷及分配，這就是所謂的「統編本」教科書。在《教改諮議報告書》中，教改會建議全面開放私人編寫教科書，教育部於是宣布：中小學教科書將逐年採用「審定制」。從九十學年度（二〇〇一）開始，

③李遠哲（二〇〇二），同②，頁九十五。

國小實施九年一貫課程，並訂四年內實施完成。同時以課程綱要和能力指標取代以往的課程標準，並開始實施教科書「一綱多本」政策。國立編譯館從二〇〇二年起全面退出教科書市場，「統編本」教科書成爲歷史名詞，也造成教科書開放民編後的一連串問題。

依照教育部的說法，教科書採取「一綱多本」政策，可謂好處多多，它可以避免一元化的單一標準；提供民間參與機會，帶動教科書研究氣氛，促進教材研究發展，有助於提昇教科書水準，並改進教材品質，同時可以讓教師從不同版本的教科書中，依據學生的個別差異，選擇適當的教材，充分發揮教師教學自主權，並讓學生達到適性學習的效果。

可是，由於「九年一貫課程暫行綱要」自二〇〇〇年三月三十日發布，到二〇〇一年九月一日實施，僅有一年半的時間。新的教科書必須完成編輯、審查、印製、選用等程序，編輯與審定之間的時間極爲短促。編輯教科書的廠商爲了趕上審定的時間，審定教科書的國立編譯館爲了趕上下個學期學校選用的時間，以致無法仔細檢查教科書中的錯誤，造成教科書中錯誤百出的狀況。

很多人覺得奇怪：以前「統編本」的教科書，要經過國立編譯館四年的研發，還要經過板橋教師研習會至少一年的試用，才能發給學校使用；爲什麼九年一貫課程所使用的「審定本」教科書錯誤百出，也敢匆忙推出，豈不是要誤人子弟麼？

然而，從九年一貫課程的精神來看，教科書錯誤百出根本不是問題。我們的教改龍頭不是說得很清楚嗎？教育改革的重點，就是要把以往「知識導向」，改成以「能力導向」爲主。依照教改龍頭的構想，「審定本」教科書的編寫程序，本來就是：

> 在基本的課程架構確定以後，各級教育主管就應該廣徵意見，訂定各科課程內容的要點。學者專家在編寫教科書時，也要用適當的角度，適當的資料來說明各個要點；老師在課堂上的責任則是要使學生能夠理解這些要點，資料只是用來幫助瞭解，不必要求學生強記；有必要時，老師也可以自己找更多的資料來輔助教學，這樣的教學方式才是正確的教與學。④

④李遠哲（二〇〇二），同②，頁一〇三～一〇四。

老師在課堂上的責任既然只是要「使學生能夠理解這些要點」，「資料」只是「幫助學生瞭解」，他也可以「找更多的資料來輔助教學」，資料的內容正確與否就變成了次要的問題。只要大家不再「死讀書」，不要搞「塡鴨教育」，不要把課本中所談的內容當做「資料」的唯一來源，課本內容有些錯誤又有什麼關係？

跳躍式的集體創作

九年一貫課程的精神在於「課程統整」，然則目前教科書各領域的編輯和審查來自不同團隊，再加上學校選用制度的不同，以致各年級、各領域可能使用不同的教科書，使學校整體課程淪爲不同版本的大拼湊，和九年一貫的基本精神根本已自相矛盾。

不僅如此，坊間書商所出版的教科書，在「編輯大意」中大多注明「本書依照教育部九十年一月公布之國民小學九年一貫課程暫行綱要編輯」，但其目錄與課程內容，與舊版本卻是大同小異，「換湯不換藥」而已。然而，書商爲了占自己的教科書市場，不同版本的「審定本」教科書卻又各出心裁，各有自己的編輯方式。各章節的內容，也是繁簡不一，各有千秋，充分發揮了教改「多元化」的精神。

以往的「統編本」教科書內容有一定的邏輯順序，學生只要循序漸進，應當可以理解教科書內容。現在的「審定本」教科書，大多是許多位專家教授依照「課程暫行綱要」的集體創作，前後內容不相連貫，呈現出「跳躍式思考」的特色。譬如有位出版商在其網站上張貼一張「建議」課表，其上注明：「親愛的老師，本頁面所提供的是『分科教學』的排課建議，是依循原有科目分工的教學模式進行協同教學。」仔細觀之，原來是在一週內同時講授第一章、第二章、第三章的第一節，第二週起再教這三章的第二節……以此循環下去。

有人抱怨：一本教科書這樣翻來覆去，這跟傳統的「分科模式」，有什麼不同呢？爲什麼要搞這樣的「協同教學」？這種「統整」方式，除了「整」老師，「整」學生之外，能達到什麼目標呢？萬一學生從一個學校轉到另一個學校，課程又該如何銜接呢？還有人指出「審定本」教科書內容過於簡單，對學生沒有挑戰。除了教科書之外，整個學習內容、授課時數、課程均被壓縮。教師缺乏時間加深課程，造成這兩年學生素質明顯下降。

諸如此類的問題，又是不瞭解教改精神的人所提出來的。從皮亞傑的建構主義來看，所謂的「統整」（integration），就是要把「部分」放在「全體」之中去思考，「看出部分與部分之間，以及部分與全體的關係，從而瞭解意義之所在」。要培養知識「統整」的能力，當然要先把教學「資料」拆散，這樣大家才不會「死讀書」呀！如果不先把教科書的內容拆散，老師們怎麼能夠找出「部分」與「全體」之間的關係呢？又怎麼能夠培養出「統整」的能力呢？至於學生轉學，課程銜接不上，那更不用擔心了。教改集團不是說得很清楚嗎？他們要培養的是學生「帶得走的能力」，不是「帶不走的知識」。課程銜接不上？這種問題是屬於「帶不走的知識」，何必操心呢？

市場介入

教科書開放後，每種領域的教科書均編有三種以上的版本，每本存有差異；由於現行的基本學測的統一考試，許多家長就會購買很多版本以求安心。結果九年一貫的課程實施後，學生的書包變重了，不少小學生每天拖著「行李書包」去上學。

在自由市場的競爭下，書商爲了提高市場的占有率，於是壓低教科書價格，卻轉嫁給參考書，造成參考書價的高漲。由於參考書的設計是配合教科書的單元，用了某一家的教科書，勢必也要選用同一家的參考書。書商透過這種「教科書綁參考書」「交叉補貼」的方式，謀求高利，造成家長的沉重負擔。

舉例言之，在「統編本」時代，國小一年級國語科課本爲三十元；九十學年度（二〇〇一）的「審定本」爲一百零七元，九十一學年度（二〇〇二）教育部雖然要求書商以共同供應方式將之壓至六十一元，但仍比舊價格多出一倍。由於每本教科書都還有附帶的參考書，每學期書本費需要五百多元，對中低收入家庭來說，是一個相當大的負擔。

由於常態分班將學習速度不同的學生強行聚集於一堂，老師教書的時候，不得不叫「兔子等烏龜」，兼顧程度跟不上的學生，造成學校教學進度緩慢。「一綱多本」的教科書使得各校所用教科書俱不相同，學校老師很難教學生如何因應學力測驗。再加上「多元入學」以國中基本學力測驗作爲主要錄取依據，不採計在校成績；想要進好學校的國中生，不得不求助於補習班，因爲只有補習班才有能力綜合各校不同版本的教科書，才能教學生如何應付學力測驗。結果許多學生一到國三就開始到補習班「隨班附讀」；有些學校的學生在學測之前，甚至會「集體請假」，到補習班「朝七晚十」，全力衝刺。教育改革促成了補習業的蓬勃發展，補習班老闆眞該感謝教改集團「惠我良多」！

有人擔心：這樣的教育政策會擴大台灣社會中的貧富差距，製造出難以跨越的階級鴻溝，甚至形成貧富懸殊的「兩個台灣」。然而，這個問題卻不在教改集團考量的範圍之內。「四一〇教改」的四大訴求之一，不就是「推動教育自由化」嗎？當時，許多自由派的學者不是高呼：教改要讓「國家退出，市場介入」嗎？補習班也是「私人興學」呀，讓「民間有更多辦學空間」，這有什麼不好呢？

「樣樣不通，樣樣稀鬆」的課程結構

對於學校中的課程安排，李遠哲也有他的見解：

從未來二十一世紀所需要的教育目標來看，現行的中小學課程與教材幾乎是由專家一手包辦。每個專家都堅持自己學科的時數不能少，於是設計出一大堆必修科目，連帶地，上課節數也多，尤以高中平均要上三十九節必修課，國中要上三十六節最爲嚴重。

要解決現行課程中的問題，第一步應是減少必修時數。每個禮拜的必修課節數可以考慮規定不超過三十堂課；其餘的時間留白，由學校、老師和學生自行決定如何彈性使用。如此，老師才能有足夠的空間因材施教；學生也比較能有時間養成自我學習的習慣。⑤

在這個原則之下，九年一貫課程實施之後，中小學的課程結構發生了根本的改變，許多課程節數遭到壓縮，讓在第一線從事教育工作的基層老師到憂心忡忡。比方說，在九年一貫課程裡，低年級學習領域的節數，國語文從十節課變成五節課，沒有閱讀課可上，也沒有作文課可上。有些老師擔心：閱讀是通往人類深處的靈魂，有什麼閱讀文化，就

⑤李遠哲（二〇〇二），同②，頁九七～九八。

代表這個國家人民的品質。在這種課程節數架構下，我們的學生會不會只看教科書，課外書就是參考書？他們會不會變成只會寫「外星人式的作文」，不僅詞不達意，而且荒腔走板？

數學從六節課變成三節課，數學是一種培養思考邏輯的學問，現在許多學生到了國中，都還不會九九乘法，將來我們的大學生會不會普遍認爲：三分之二加二分之一答案等於五分之三？教改專家說：不懂九九乘法不會影響學習成效，反正有計算機，沒關係。眞的沒關係嗎？

體育從三節變成一節課，被調到「健康與體育」裡面去了，現在已經有研究報告指出：台灣學童的體力比不上日本、韓國，以後「東亞病夫」的稱號不會再度出現？這樣的教育政策，是不是在自我摧殘？

美勞和音樂被調到「藝術與人文」裡面去了，美勞由三節課變成一節課，小孩子是非常喜歡動手做東西的，美學教育更要從小培養起，可是，一節課能做什麼呢？音樂由兩節課變成一節課，「窮則變，變則通」，現在很多學校只好單週上美勞，雙週上音樂，這是在辦教育嗎？

這樣的課程節數調整各校雖然有所不同，但大方向卻是如此。有人覺得奇怪：擠壓出來的課程節數到哪裡去了？

七大領域中多了一個「生活課程」和「綜合領域」。什麼叫做「生活課程」呢？就是學校逛一逛，學習吃飯禮儀，碰到老師要打招呼，認識新同學，等等。「綜合領域」又是什麼呢？其他排不上課程的都叫做「綜合領域」。綜合意味著什麼都是，從字面上來看，你說它是綜合，它就是綜合。問問基層教師「生活課程」與「綜合領域」又有什麼差別呢？對低年級的教師而言，生活課程等於綜合領域，又等於健康與體育，都是在逛校園、認識新同學，反覆從事這類的主題而已。

許多老師抱怨：這種「樣樣稀鬆，樣樣不通」的課程架構將會使我們的教育沒有聚焦，「看不到學生的未來，也看不到國家的未來」！

然而，教改專家們立刻扳起臉孔，教訓他們：不要存有「反改革」的心態，存心「唱衰」教改。教改龍頭說得很清楚，這不就是「教育即生活」嗎？

進修第二專長

將傳統的分科教學，合併成七大學習領域，所遭遇到的最大問題就是：誰來教這七大學習領域？教改專家當然不可能「下海」，自己出馬到基層教書，而必須仰仗基層教師。問題是：目前絕大多數國中小教師的養成教育都是接受分科教育。所謂的「合科統整教學」，導師教國文還配生活科技，教工藝也要教理化，美術老師也要教音樂，有人因此嚇得請長假；歷史要兼教地理，公民老師還要兼教史地。他怎麼做得到呢？

教改龍頭設想得十分周到：

假設上課時數減為二十小時，除了老師，學生有更多的互動空間外，老師也有更多的時間進修。在進修的項目裡，應注意著重校內教學輔助經驗的分享，讓大家互相學習，互相幫助，促進彼此的進步。此外，也應該讓老師參加校外研討會等活動，以學習不同領域的事務，增廣見識。這樣一來，才可以提升教師的素質，進而提高其專業自主性。⑥

在教改導師的指示之下，教育部馬上公布命令，要求國中小教師都要加修第二、第三乃至第四專長。譬如藝術與人文領域，如果甲老師的專長是音樂，他還要加修視覺藝術與表演藝術等兩個專長，至少各四學分；自然與生活科技結合了五個科目，如果甲老師是物理系畢業，他還要加修化學、生物、地科及生活科技等至少各四學分；就社會領域而言，如果甲老師的專長是歷史，他至少還要加修地理及公民各六學分，才能成爲各該領域的合格教師。

問題是：學生上課時數減少，老師授課的時間並沒有隨之減少。每個人的時間都是固定的，一天就只有二十四小時，當全國教師在平時或在暑假忙著進修「第二專長」的時候，他們準備教材的時間少了、備課時間少了，與學生對談時間少了。當他們抱怨自己疲於奔命，無法兼顧家庭生活的時候，教改專家馬上訓勉他們：「這是個學習的時代，你們要有上進心」！

⑥李遠哲（二〇〇二）：〈以教育改革迎接新世紀的挑戰〉。《世紀之交的台灣與世界》。台北：遠流，頁一二四。

「統整」的功能

有人對教育部的要求感到不滿，教改專家馬上批評這些人不瞭解教改的精神。在教育部編印的「國民中小學九年一貫課程標準暫行綱要」第五章「社會學習領域」的基本理念中，寫得清清楚楚：過去的分科設計可能利於「教」，卻不利於「學」。此次課程設計之主要考量乃在「協助學生之學習」，而不在「便於教師之教學」。教師需透過各種成長方式與進修管道，配合課程精神，改善教學，以協助學生之學習。

「暫行綱要」認爲：「統整」有四項功能，它們是：

(1)意義化（signification）：學習者若只針對「部分」去學習時，不易看出其意義。只有把「部分」放在「全體」之中去觀察和思考，才能看出部分與部分之間，以及部分與全體的關係，從而瞭解意義之所在。

(2)內化（internalization）：學習的內容若是有意義，則容易被學習者記住、消化、並儲存到原有的心志或概念架構（mental or conceptual framework）之中，而成爲個人整體知識系統的一部分。

(3)類化（generalization）：知識若經過內化，則個體在日後遇到類似狀況時，便易觸類旁通，廣加應用。

(4)簡化（simplification）：統整可以消除無謂的重複，節省學習的時間與精力。

教師「透過各種成長方式與進修管道」，學習第二專長、第三專長，他才能把「部分」放在「全體」中去思考，才能看出部分與整體之間的關係，才能達到統整的目標。如果教師「不肯努力學習」，不學習「第二專長」、「第三專長」的「部分」，他怎麼能夠看出該一領域的「整體」，又怎麼能夠「配合課程精神，改善教學，以協助學生之學習」呢？所以，每當有人抱怨教改失敗的時候，教改龍頭總是會很不高興地怪罪「教師不肯努力學習」！

「有常識，沒知識」

有些「腦筋頑固」的基層老師引經據典地說：「聞道有先後，術業有專攻。」一個學音樂三十年的專業音樂老師，叫他再修六個學分然後教美術，他有沒有辦法修到所謂

「第二專長」？他能不能從事「藝術與人文」的領域教學？當然可以。可是，這種專業離他用三、四十年歲月累積的教學經驗、教學技巧是不能相比的，即使他進到教學現場教學，也只是「照本宣科」，唸唸課本中的文字，無法深入詮釋課文內涵的意義。所以有些老師對生手科目會「播放錄影帶到心虛」，這種教學的結果，學生學不到東西，樣樣不通，樣樣皆鬆，教成學生「有常識，沒知識」。

「有常識，沒知識」？聽到這樣的抱怨，教改專家終於開懷展顏了：這可不就是教改的目標嗎？教改龍頭說得清清楚楚的，教育改革的重點，就是要把以往「知識導向」的教育，改成「能力導向」為主，「有常識，沒知識」才能實現「教育即生活」的理想呀！大家再仔細唸唸教改龍頭的「李語錄」，就可以知道了！

有些家長受到「千年科舉制度累積」的影響，腦筋也一樣轉不過來。比方說，自從學界發表〈教改萬言書〉後，八月十一日有一位家長投書給《聯合報》「民意論壇」，他抱怨：

教改最引以為傲的是引導式教學，加上活潑新穎的作業，以激發學生的創意。

於是千奇百怪的作業紛紛出籠，教師們絞盡腦汁，卻苦了家長，很多作業變成家長代勞，教改將啓發變成作弊。

暑假作業更是如此，老師們爲了「符合政策」，並避免被扣上塡鴨的大帽子，想出了五花八門的作業，幾乎一定要用到電腦不說，甚至要用到彩色印表機、數位照相機，常不是學生可以獨力完成的，家長只好「暗助一臂之力」。我的鄰居更慘，作業還指定到特定地點旅遊才能完成，弄得家長七葷八素。

啓發式的另一個問題，就是答案都模稜兩可，甚至曖昧不明。有的題目爲了「引導」，根本沒有標準答案，但又要強迫學生選一個。今年學測就是最好的例子，國文第六題「何者最適合作爲航空公司招攬顧客的廣告標題？」答案有「天涯比鄰」、「風起雲湧」、「咫尺千里」、「乘風破浪」。要怎樣去告訴小孩「風起雲湧」、「咫尺千里」一定會比「天涯比鄰」差？如果是「啓發」，小孩們認爲對的就是答案，爲何一定有標準答案？⑦

⑦馬西屏（二〇〇三）：〈爸媽寫作業，啓發變作弊〉。《聯合報》，八月十一日。

這位家長指責：「我們的小孩子天天在做類似的題目，這種所謂活潑新穎的題目，不是啓發，是僵化。」

從教改集團的角度來看，這位抱怨的家長可以說是最「不明事理」的家長。教育改革的哲學基礎本來就是主張「有常識，沒知識」的「知識虛無主義」。如果不用這種「有常識，沒知識」的問題來啓發學生，難道還要教學生「死讀書」，培養出那種「只會念書，其他什麼都不懂」的學生嗎？這位家長根本不瞭解教改集團的苦心，難怪有人抱怨教改失敗的時候，教改龍頭要感嘆「家長觀念沒有改變」了！

七、「能力導向」的教育

爲了提倡「能力取向」的教育，李遠哲曾經在不同場合，以二元對立的方式，說明他所主張的「能力取向」教育和傳統「知識取向」的教育有什麼不同：

在一個知識爆炸的時代，人類的知識儲存在腦海的有用時間不會很長，應該累積到磁碟片上，這個觀念我想大家都會同意的，我們只要教學生如何獲得訊息，擷取知識，而不是把人類累積的知識以填鴨方式灌輸給學生，要讓學生爲了興趣、探求知識進而學習。①

一九九五、一、十六〈教育問題的改革與展望〉

現在知識的取得很容易，像電子網路等，常識、知識的取得，已不必一定深入腦中，但要瞭解求得知識的管道在哪裡，如何取得，再經由資訊的蒐集，研究判斷，就可作出更好的結論。

現在要培養的是各種各樣的能力，知識的取得是很容易的，但是事情是複雜

①李遠哲（二〇〇三）：《世紀之交的台灣與世界》，台北：遠流出版公司，頁八十九。

的，與人的相處、團隊合作的能力、組織規畫的能力都是很重要的；當眾多的知識進入腦中，要有判斷、領導、組織規畫、尊重多元文化的能力，這些能力是要學習的。我們要以不同的方式，看看學生是否在課程中學到很多能力。②

一九九七、二、二十四〈大學教育不只是訓練少數的菁英分子〉

現在教育……學生的學習，是以聯考中獲得高分，以進入名校就讀爲目的。他們所學的，只是智育中的一小部分。並且，考試中紙筆測驗的問題解決能力，並不是社會所需要眞正解決問題的能力。所以說，我們的教育是智力取向的教育，但是在制度面的限制下，這種的教育本質已被扭曲了。反觀澳洲，他們正在推動能力取向而不是智力取向的教育。他們主張培養學生下列八種能力：

一、蒐集、分析、組織資訊的能力。
二、表達想法、分析資訊的能力。
三、規畫、組織工作的能力。
四、團隊合作的能力。

五、利用數學觀念、技巧的能力。
六、解決問題的能力。
七、運用科技的能力。
八、體認文化的能力。
他們並不是專設課程來培養學生這些能力，而是將這些能力的培養融入既有課程中，經過一段時間後，再檢視學生是否眞的學習到這些能力。③

一九九五、十二、二十六〈以教育改革迎接新世紀的挑戰〉

十項基本能力

在教改導師的指示之下，根據教育部的規畫，教育改革所要培養的「十項基本能力」是：

②李遠哲（二〇〇三）：同①，頁一一三。
③李遠哲（二〇〇三）：同①，頁一一九。

(1) 瞭解自我與發展潛能；
(2) 欣賞、表現及創新；
(3) 生涯規畫與終身學習；
(4) 表達、溝通與分享；
(5) 尊重、關懷與團隊合作；
(6) 文化學習與國際瞭解；
(7) 規畫、組織與實踐；
(8) 運用科技與資訊；
(9) 主動探索與研究；
(10) 獨立思考與解決問題。

以教育部規畫的「十項基本能力」和李遠哲指示相互比較，可以看出：這「十年基本能力」基本上就是把李遠哲的「教改理念」發揚光大而已。教改專家認爲：這些能力是成功、快樂、有創造力、活出自我價值者所具備的特質，也是未來設計教育課程的主要方針。然則，教師該如何培養出學生的這些能力呢？又該如何評估學生是否具有這些能力呢？

花招百出的能力指標

教師要如何培養學生的這些能力，這是個難以回答的抽象問題，恐怕連教改龍頭自己都回答不出來。至於教師該如何評估學生是否具有這些能力，這個問題倒比較具體，教改集團也比較容易拿它來做文章。當李遠哲所領導的行政院教改會，一九九六年提出的《教育改革總諮議報告書》中提出：能力指標是「建立課程綱要的最低規範」，便有許多教授跟著高喊，「能力指標」是九年一貫課程的核心，聲嘶力竭地說明它有多好多好。

部分教授爲了要搶奪「能力指標」這塊學術大餅，又競相花招百出，設計出形形色色的「能力指標」，部編碼、自編碼、延伸碼、學校本位碼、從三碼演變成四碼，七大領域有七種碼，各搞各的碼，各領域每階段不同的人又編出不同的碼，各式各樣的能力指標層出不窮；公布後發現不妥，於是能力指標再修，再重新公布一次。這些能力指標要如何評量它的信度與效度？要評量到什麼程度？要修正到什麼時候？誰都說不出個準來。

評估學生的方法

什麼叫能力指標呢？舉個例子說吧，一個學生上台報告，老師就要用以下的能力指標來評估他：

1-1-2 喜歡聆聽別人發表。
1-1-3 能養成仔細聆聽的習慣。
1-1-4 能神情自然，凝視說話者，注意聆聽而不插嘴。
1-1-5 能禮讓長者或對方先行發言。
1-1-6 能學會使用禮貌語言，適當應對。

1-1-9 能主動參與溝通，聆聽對方的說明。

B-1-2 能確實把握聆聽的方法。

1-2-1 能注意聽。

1-2-2 能聽得正確。

1-2-4 能聽出別人所表達的意思，達成溝通的目的。

1-2-10 能思考說話者所表達的目的。

1-2-11 能邊聆聽，邊思考。

1-2-7 能有條理的掌握聆聽到的內容。

1-2-8 能結合科技資訊，提升聆聽的能力，以提高學習興趣。

B-1-3 能聽出說話者的表達技巧。

1-3-9 能聽出說話者表達的技巧與特色。

即使是一個受過專業訓練的心理學者，要用這樣的「能力指標」來評估一個人，都是相當困難之事，何況是一位每天必須面對數十位學生的老師？如果一位老師教四個班級，他又如何用這樣的「能力指標」來評估每一位學生？問題還不僅止於此而已，「能力取向」的教育「無限上綱」之後，老師還必須用類似的「能力指標」來評估學生在每一學習領域中的學習成果。

八〇%學生能夠學會

嚴格說來，數學是一種最嚴謹而有客觀標準的學問。在九年一貫課程的「教學」領域中，也列出了數學「能力指標」與十大基本能力的關係：

表三：

基本能力	能力指標
一、瞭解自我與發展潛	·瞭解自己在數量或形上的能力及思考形態的傾向 ·挑戰並增加自我的數學能力
二、欣賞、表現與創新	·以數學眼光欣賞各領域中的規律 ·領會數學本身的美 ·以數學有組織、有效地表現想法

三、生涯規畫與終身學習	・具有終身學習所需的數學基本知識 ・養成凡事都能嘗試用數學的觀點或方法來切入的習慣
四、表達、溝通與分享	・結合一般語言與數學語言說明情境與問題 ・從數學的觀點推測及說明解答的屬性及合理性 ・與他人分享思考歷程與成果
五、尊重、關懷與團隊合作	・互相幫助解決問題 ・尊重同儕解決數學問題的多元想法 ・關懷同儕的數學學習
六、文化學習與國際瞭解	・連結數學發展與人類文化活動間的互動 ・與其他領域（語言、社會、自然、藝能、電腦、邏輯、環境）連結
七、規畫、組織與實踐	・組織數學材料 ・以數學觀念組織材料 ・以數學語言與數學思維作系統規畫
八、運用科技與資訊	・將各領域與數學相關的資訊資訊化 ・用電腦處理數學中潛在無窮類型的問題
九、主動探索與研究	・形成問題、蒐集、觀察、實驗、分類、歸納、類比、分析、轉化、臆測、推論、推理、監控、確認、反駁、特殊化、一般化
十、獨立思考與解決問題	・進行數學式思維 ・以數形量的概念與方法探討並解決問題

在「實施要點」一節中，教改專家們很清楚地說，本領域的課程規畫期望：

提供八〇%以上的學生，對課程綱要內每個階段的學習內容，都具有學習能力；對課程綱要內每個階段的學習活動，都具有學習機會。也就是讓每一階段的學生都能進行有意義的學習。

可是，教改專家也十分瞭解：

回顧過去的課程規畫，並沒有以「八〇%學生能夠學會」的訴求設計，而本國學生的實徵研究中，亦缺乏與「八〇%學生能夠學會」訴求相關的研究，因此只能以更開放的角度來看，根據教師的經驗、專家的見解及相關的理論，研討出各學習階段的能力指標。

教改專家既然承認：過去的課程規畫，並沒有類似的訴求設計；本國的實徵資料亦缺乏相關研究；他們是如何「根據教師的經驗、專家的見解、以及相關的理論」，訂出「各階段的能力指標」的呢？老師們又該如何用這些能力指標評估學生呢？

各位讀者不防設身處地想一想：一位數學老師如何用這些「能力指標」來評估每一位學生的「基本能力」？瞭解這種「能力取向」教育的特色之後，大家便不難明白：爲什麼建構式數學弄得天怒人怨，還能夠在我們這裡實施達六年之久。因爲它是「能力取向」的教育嘛，反正這種「能力指標」也沒什麼客觀標準，混個六年，還不容易？

「學校本位」的能力指標

爲了結合所謂能力指標，各縣市紛紛推出新的能力指標檢核表，檢核教師是否切實使用每一條「能力指標」評估每一位學生；更荒唐的是，各個學校還要建立「學校本位的能力指標」，在課程計畫中每個學校都要提出所謂的「學校願景」，號稱要凝聚學校所有師生的共識，建立願景，共同往這個願景邁進，甚至用這個所謂學校願景，去編寫自己「學校本位」的能力指標。問題是：有幾個老師知道自己學校的願景是什麼呢？結果每個學校所提出的願景大多是諸如「鄉土心、台灣情、世界觀」之類的政治八股。

用這樣的學校願景去編寫「能力指標」，編出來的東西當然還是把七大領域的能力指標再重新組合一次而已，這不是在玩「政治正確」的文字遊戲嗎？

教師的迷惘

教改集團可能不瞭解：這種「能力指標」是主張「建構主義」或「結構主義」的心理學家作心理學研究的工具，不能拿來作教學評量之用。要用它來評估每一個學生的能力，又要以之作爲教學的目標，簡直是荒謬之至！許多教師看到這種「玄之又玄」的能力指標，都會感到一頭霧水，莫測高深。在二〇〇三年元月出版的《教改野火集》中，便有一位基層教師寫下他對這些「能力指標」的感想，我特別將它全文照錄在以下的括弧中，作爲讀者的參考：

4-2-2 列舉自己對自然與超自然界中感興趣的東西。

（超自然界？那是什麼東西？）

4-4-4 探索促進社會永續發展的倫理。

（天啊！這可是個大題目呢！）

4-4-5 探索生命與死亡的意義。

（要再搬出創造宇宙既起之生命來解釋嗎？還是要跟宗教界或是生物科學作統整呢？眞要這樣做，是不是要安排一下戶外教學？或是請學生進入冥想世界去靈修呢？）

或者是：

2-4-4 比較人們對歷史的不同說法和不同解釋。

（馬克斯那一套資本家的利益來自於剝削勞工賸餘價值的說法，可以提出來教嗎？能不能先說好，不對教師扣上任何意識形態的帽子呢？）

2-4-5 從演變與革命的觀點，分析歷史的變遷。

（不好意思，可否冒昧請問一下，什麼叫：革命的觀點？因爲在下是學教育的，對於革命只從書上讀過，沒能實際參與過，所以還沒學會如何從革命的觀點來看事情……）

2-4-6 從直線前進與循環的觀點，分析歷史的變遷。

（請問這是要我們從歷史到底是會重演還是不會重演，選邊站嗎？還是有更高深莫測的學問在裡頭呢？）④

國家發展的絆腳石

在《教改野火集》中，這位基層教師看到形形色色的各種「能力指標」後，很惶惑地說道：

每一個能力指標，要是拿來當論文寫，其實都可以是一篇篇不可小覷的論文呢。如今卻寄望我們能夠用三言兩語，就能全面又精簡，且豐富又詳細，外加輕鬆又有趣地說給三、四年級，那些剛滿十歲的小娃兒聽，還要讓他們聽懂又覺得有意義，有趣又好記，然後既要內化又能類化。天哪……？⑤

然而，作爲第一線的教育工作人員，他又不能不咬緊牙根，力挺到底。因此，他很謙卑地問道：

我不期望您能體會我的無奈，畢竟這是我的工作，再怎麼困難，我都得想辦法克服，但是我卻非常地希望，您能花個小小的時間想一想：這樣的指標合理嗎？可能做得到嗎？⑥

從教改專家的角度來看，諸如此類的問題都是在質疑教改的理想和目標，他們通常的作法是祭出三張符咒：「不思改革」、「本位主義」、「沒有協同教學的觀念」，這三張符咒往基層教師臉上一貼，就將問題丟回給基層教師。有人膽敢再問：「教授，九年一貫好像有問題喔！」客氣一點的教改專家會問你：「在這個二十一世紀的資訊時代，你還要用過去的知識教現在的學生，適應未來的生活嗎？」當他心情不好的時候，就會批評

④太史簡（二○○三）：《教改野火集》。台中，領行文化，頁一○九～一一○。
⑤太史簡（二○○三）：同④，頁一一○。
⑥太史簡（二○○三）：同④。

你：「不思改革，不求進步，國家教育發展的絆腳石！」

日以繼夜地摧殘幼苗

儘管基層老師已經怨聲載道，叫苦連天，教改專家們還是要堅持到底，一再重複強調：「教改不能走回頭路。」事到如今，大家總算弄懂了：所謂「九年一貫」的意思，就是一個錯誤至少要維持九年，以維持錯誤的一貫性，避免有人在其中做出正確的事，不要思考太多問題，否則就給你戴一頂帽子：「不愛台灣、不求進步、反改革……」

到了二〇〇二年十一月底，教改問題已經鬧得沸沸揚揚，滿城風雨，連民進黨立委沈富雄都在立法院痛批，現行教改政策完全無法減輕學生、家長的痛苦，已經使大批家長蓄積不滿能量，有人甚至揚言要帶三十萬家長走上街頭，動搖執政基礎。他指著教育部長黃榮村罵：「都是一群頭腦僵硬的人在搞教改」、「讀書都讀到背上去了」、「教改是政府有計畫、有系統地日以繼夜地摧殘幼苗」！

二〇〇二年十一月二十八日，監察院教育及文化委員會八位成員訪視教育部並批評，教改推動過程太「躁進」，一般社會上的反應負面多於正面。監委要求由第三公正人士成立專責單位評估教改成效，作爲教育部往後執行政策的參考。

行政院長游錫堃宣示：將在政院設立「教育改革委員會」，親自擔任召集人，擴大教育決策機制。中央研究院院長李遠哲回應說，「這樣很好，教改不能停頓下來，要持續去做。教育改革應不斷檢討、改進；但現在教改步調很慢，速度要更快才好。」

有了教改龍頭在背後撐腰，教改集團當然精神爲之一振。中央研究院院長都說話了，「教改步調很慢，速度要更快才好」，你們還吵什麼呢？人家有諾貝爾獎，你們有什麼？難道諾貝爾獎得主會拿學生當白老鼠嗎？難道諾貝爾獎得主也會說：「您可以說我編得爛，但要說我誤國誤民，還有待商議？」

八、教育重建之路

歐美的另類學校

在闡明李遠哲所提倡的「能力取向」跟九年一貫課程的密切關係之後，我們可以看出：這位諾貝爾獎得主的「教改理念」對台灣教育改革的深遠影響。李遠哲的「教改理念」其實並不是什麼新鮮的東西。在Koetzsch所著的《另類理念學校在美國的實踐》一書中①，作者很清楚地指出：所謂的「另類學校」，在德國稱爲「自由學校」（Freie Schulen）；在丹麥稱爲「小學校」（Lolles koler）；在瑞士及奧地利則有「自由」、「替代性」、「活動性」或者「民主——創造性」與「合作性」等不同的形容用語。這類學校的最大特色在於：教師及家長們不願附從任何傳統的路線，而寧願根據共同的開放性討論，來經營他們的學校。這些替代性學校的由來，可以溯源至七〇年代歐美國家「家長自發性」（eltern initiative）對於教育的熱衷參與，而逐步建立起來的。

這種替代性學校有類似的意識形態背景，也有許多相近的基本理念與訴求。它們或

①Koetzsch、薛曉華（譯）（二〇〇二）：《另類理念學校在美國的實踐》。台北：高等教育出版。

者淵源於人本主義的開放教育傳統，或者在植根於各種不同的宗教理念，尤其在強調多元與創意價值的美國社會，更發展出許許多多不同的形式，如自由學校、夏山學校、多元智慧學校、全語言學校、蒙特梭利學校、多元文化學校、華德福學校、瑞吉歐學校、在家教育等等。在具體的教育作爲上，這些替代性學校的特點可歸納如下：

1. 家長參與學校內外的工作事務。
2. 拒絕學習成就的壓迫性及競爭的壓力。
3. 普遍放棄各種形式的學習成就評量。
4. 普遍的環境關注與關連（注重校外體驗場所）。
5. 有彈性的學童分組分班制度。
6. 普遍消除教師中心的教學活動。
7. 普遍去除科目教學界限（採取主題教學、聯課活動）。

與傳統的學校相較之下，替代性學校在教學方法上，是處於持續的變動與發展中。

由於不斷地加入的家長和學生的意見而必須不斷尋求新的共識，使這些替代性學校有「建構性」特色。

以台灣的未來作賭注

仔細檢視這類替代性學校的特點，我們不難看出：教改專家們所提倡的「教改理念」，根本就是這種替代性學校辦學理念的翻版。其實，在台灣也有一些眞正懂得教改的人在推行這種實驗性的另類教育，像李雅卿在台北縣爲「毛毛蟲學苑」（後來改爲「種籽學苑」），推行自主學習實驗；像孫德珍創辦「雅歌實驗小學」，進行概念中心實驗課程，推廣多元智能教育，都是十分值得稱道的例子。

問題的關鍵是：不論是在台灣，或是在歐美國家，這些另類學校不僅種類非常多，而且都是實驗性質。由於它們是教師及家長自願設立的，而不是由國家強制成立的，所以任何教育的後果也必須由家長和學生自行承擔。我們這位諾貝爾獎得主，在教改集團的哄抬之下，把歐美國家一些試驗性的教育理念搬到台灣來，轉化成他自己的「教改理念」，以台灣數百萬的學童當白老鼠，藉由國家力量的威勢，不管台灣的文化背景，也不顧大多數老師和家長的意願，從一九九四年開始，「由上而下」進行了一場為期將近十年的超大型實驗。

任何對心理學稍有瞭解的人都知道：要以「人」作爲對象，從事心理學實驗，必須取得參與者的同意；如果參與者未成年，則必須取得父母親的同意。在家長普遍反對的情況下，硬是要拿學童當白老鼠，這種作法符合心理學的研究倫理嗎？把西方國家試驗性的教育計畫，冒然拿到台灣來全面實施，這是以台灣未來的人力素質作賭注，也是以台灣的未來作賭注。請問李遠哲要不要爲台灣的教改成敗擔任負責？

教改還沒成功？

八月十六日，教育部長黃榮村邀集李煥、毛高文、郭爲藩、吳京、楊朝祥、曾志朗等六位前任部長在福華飯店餐敘，請益教改方向。在餐後記者會上，到底誰應爲教改負責，又成爲媒體關注的焦點。

年紀最大的李煥首先發言，他強調教育應當經常隨時代修正政策，過程難免遭受批評，但應把不同意見看成鼓勵，修正後再出發。

毛高文說：「大家不要太強調『教改』兩字。」很多部長的任期不長，上任後都必須承接上一任的政策架構，很難把責任歸咎特定人士。

郭爲藩與吳京認爲：教育部長應爲任內政策負責，但不能把政策和教改混爲一談，政策挫折，就一竿子打翻一條船，全盤否定教改。其他部長也無異議。

吳京表示，包括建構式數學等政策，不是在他任內規畫，卻在他任內實施。他說，他絕非「每日一驚」，隨便改革。儘管如此，他強調，對任內推動的事，一定負責到底。可是，教育改革審議委員會提出《教改總諮議報告書》後，就應該「功成身退」；教育部要不要採用諮議報告書的內容，應當視實際狀況決定。他認爲，教育部就是「教改部」。可是，當時爲了落實《教改諮議報告書》的內容，行政院又成立「教改推動小組」，作爲教育部的上級指導，讓教育部施展不開。

「教育出問題雖然跟歷任教育部長施政有關，不過因爲只有現任教育部長有做事的權力，」語畢，他看著現任的黃榮村說：「一切問題現任部長必須概括承受，因爲卸任的部長已無法施政。」黃榮村立刻附合：「我完全同意。」但他說：「教改還沒成功，哪有失敗可言？」

七位部長表示願意爲任內所推行的教改政策負責，並認爲：「過去十年教改責任，若完全由中央研究院院長李遠哲及教育改革審議委員會來承擔，並不公平。」

這種說法是大家都可以接受的。我們從來沒有說：李遠哲和教改會必須「完全承擔」過去十年教改責任。可是，從本書的分析中，我們可以看出：李遠哲必須對過去台灣的教改負「很大的責任」。至於他本人願不願意爲教改的成敗負責，我已經說過，這是他的「良心」問題，不是「政治責任」問題。

「新五年教改」

很多人或許會感到納悶：教育部長所說的「教改沒有失敗，只是還未成功」，到底是什麼意思？任何改革都一定要有改革的時間表，十年教改搞成現在的「四不一沒有」，這是大家都公認的事實，哪有「絕不認錯」，堅持到底的道理？

不錯，這正是教育部現在的立場。八月十三日，教育部長黃榮村宣布，教育部將推出「第二期五年教改行動方案」，銜接即將完成的五年教改行動方案，持續推動並解決九年一貫課程發生的問題，並以推動十二年國教、發展高等教育卓越計畫與照顧弱勢學生作爲主要工作內容。

依據《教改總諮議報告書》推動的五年十二項教改行動方案，從八十七年起實施，今年底將告一段落。黃榮村強調，現階段教改的確發生若干問題，第二期五年教改行動方案不會將已推動的教改政策「斷然腰斬」，而是要尋求解決方案。

對於黃榮村欲推動第二期五年教改行動方案，〈教改萬言書〉起草人之一，政大教育系教授周祝瑛的反應是「嚇一大跳」。她對記者表示，現階段教改行動方案都還未作好評估檢討，不應輕易推動第二期教改行動方案，在未作好跨部會溝通前貿然推動，「將造成比現在還嚴重的亂象。」

周祝瑛說，現行五年教改行動方案，是由行政院召開「教改推動小組」，經跨部會協商規畫並提撥經費後，再由教育部主導執行的計畫。如今教育部打算推動第二期計畫，不知要延續原有的教改政策，還是又有新政策；而且未先經跨部會溝通協調，外界無從得知「牛肉在哪裡」，恐怕只是爲了選舉考量所畫的大餅而已。

周祝瑛的說法，很清楚地說明了「重建教育連線」的立場。「重建教育連線」認爲：目前教育部的當務之急，是「檢討十年教改」，積極謀求解決之道，而不是使用「敲鍋法」，舊弊未除，又推出什麼「新五年教改」，把問題搞得更大。我們尤其反對：沒有經過審慎的評估和規畫，便貿然推出十二年國教。

十二年國教

推動十二年國教，是教育部長黃榮村任內最具體的教改措施，也被列爲九月「全國教育發展會議」三大主軸之一。八月十六日，黃榮村邀歷任部長餐敘時，李煥、毛高文、郭爲藩及吳京也都針對此一問題，表示意見。

李煥回憶，當年他在任內開始計畫十二年國教，並希望三年後開始推動，誰知拖到現在還在規畫。他認爲，十二年國教並非強迫教育，而是學生若願意升學，政府就應給予機會；若無意願，也不勉強。毛高文贊成這種看法。

吳京表示，「不要讓台灣孩子接受教育少於十年」，所以他認爲十二年國教的第一步，是先往上延伸一年成爲十年國教；接著應基於社會的需求，往下延伸一年，到幼稚園大班，然後再逐步推動十二年國教。

郭爲藩則保持保守看法，他認爲，十二年國教這個政策已提出十幾年，至今仍未實行，顯然政策有問題。他舉例，十二年國教一年需要增加四、五百億元預算，怎麼籌措經費是大問題；此外，在大家仍想就讀明星高中的現狀下，國中生將來怎麼分發到高中，都是問題。

郭爲藩說，像十二年國教這種影響深遠的重大議題，應該邀集專家學者、立委、民間人士等，組成研究小組，探討政策執行過程中可能遭遇到的困難，也許三個月或半年後，寫出報告書交給教育部參考。

民粹式教改

我們非常同意郭爲藩的觀點。更清楚地說，我們並不反對十二年國教。然而，在決定實施十二年國教之前，教育部必須先作審愼的規畫。在經費、師資、設備都還沒有著落之前，就貿然推出十二年國教，結果肯定又是一場災難。如果執政黨爲了選舉的考量，不顧一切要推出十二年國教，這就是我在《民粹亡台論》中所指責的「民粹主義」，也就是我在本書中所要揭露出來的「民粹式教改」。

我可以舉一個最近的例子，說明什麼叫「民粹式的教改」。〈重建教育宣言〉指出：大學數目快速增加，必將稀釋高等教育資源，降低大學教育品質，同時增加大學生學費的負擔。八月一日，行政院長游錫堃表示：普及教育不一定有助提昇教學品質，行政院將在五個月後啓動「退場機制」，評鑑大學院校教學，提出改進建議，如仍無法達到要求目標，「要合併或關閉，都要處理」。不料，陳水扁總統卻同時到苗栗主持國立聯合大學揭牌儀式，他表示：廣設大學是民意所趨，八十五學年台灣只有六十七所大學，到今年已經有一百三十九所，但苗栗、宜蘭、台東仍沒有一所公立大學，政府必須對鄉親有所交代，所以讓這三縣在一天之中同時有三所學院改制成大學。

「廣設高中大學」是《教改諮議報告書》中的既定政策之一。在大學林立、學費高漲、反高學費聲浪高唱入雲的今日，陳總統還要堅持實踐他「全台各縣市都有大學」的

「教改理念」，以教育作爲選舉的工具，這就是我所說的「民粹式教改」。今天我們已經把教改所造成的問題講得如此清楚，如果執政當局仍然是「明知山有虎，偏向虎山行」，爲了選票的考量，還是堅決要推出十二年國教，這等於是要在明年的總統大選中，把執政黨的命運和十二年國教綁在一起，讓選民作最後的決定。若是如此，「重建教育連線」倒也無話可說，大家就等明年三月，讓選民一起決定台灣的未來。

教育必須從政治中獨立出來

台灣的教育必須從政治考量中獨立出來，這是重建台灣教育的不二法門。重建教育連線成立之初，我很清楚地表示：我們不會以「連線」的名義參加九月的「全國教育發展會議」，但我們鼓勵連線成員以個人身分參加會議。其基本立場就是我們不依附政治勢力，不搞「一言堂」，不弄聖經式的「教改白皮書」，也不主張對諾貝爾獎得主之類的人物作「個人崇拜」，希望教育能和政治徹底劃清界限，讓基層教師有發聲的機會。

我們非常清楚：歷史是不斷地辯證性發展的。就這個意義而言，教改確實是「不能走回頭路」。目前台灣十年教改所產生的各項問題，必須由教育專業人員依據他們的專業知識，在現在的基礎上，積極謀求解決之道。我們不能再企盼有諸如諾貝爾獎得主之類的人物，用幾個簡單的「教改理念」，就能把我們帶離苦海。因此，「重建教育連線」就是希望建立一個開放的空間，讓各種不同的聲音可以進行理性的辨論。

重建教育連線發表萬言書之後，教改集團立刻祭出「反改革」的大帽子，公開質疑萬言書是情緒多於論理、「政治多於教育」，是「菁英主義」的科舉思想，借屍還魂。他們指責萬言書發表迄今，已在基層產生效應，原先對教改冷眼看待的教師們公開質疑教改的作法，他們擔心〈教改萬言書〉會讓台灣的教改走上回頭路。當時「澄社」有一位金姓執行長，在報上寫文質疑我們的政治動機，並說〈教改萬言書〉的連署人都是學術界的「二軍」，沒有資格批評「社會菁英」所推動的教改。

道尊於勢

七月二十二日，我上「文茜小妹大」的節目時，指出：這位姓金的老弟可能不知道：當年我也是澄社的創始社員之一。一九八九年十二月，澄社在三項公職人員競選期間公布十九位社員對縣市長及立委候選人的評鑑分數，受到了社會各界的猛烈抨擊：有的罵澄社「不道德」，有的指澄社是民進黨的「外圍組織」，有些人指責澄社已經失去了「中立客觀的立場」。十二月六日，在國民黨中常會檢討選舉挫敗原因的會議上，中央委員會副祕書長關中指出：國民黨和教授聯繫不夠，在選舉緊要關頭，澄社提出候選人評鑑結果，對國民黨惡意批評，也對選民發生誤導作用，對選舉結果產生相當大的影響。

爲了回應關副祕書長的指責，十二月十日我在當時的《自立晚報》上，以〈論澄社的道德〉爲題，發表了一篇文章。文中指出：

> 澄社在成立之初，便自我定位爲「論政而不參政」的團體，任何社員出任公職，便應當自動退社。目前澄社雖然有一位社員加入民進黨，卻有更多擁有國民黨黨藉的社員。在澄社成立之前，多年來，準社員們便一直站在「道尊於勢」的立場，秉持著個人對知識之誠篤，獨立論政。澄社成立之初，亦是根據這樣一個判準，決定是否要邀某人入社。在誠篤的知識之前，澄社同仁沒有永遠的朋友，也

沒有永遠的敵人，祇有永遠的是非。「是之則受，非之則辭」，澄社同仁對現實的政治權勢不忮不求，如何可能成爲某一個政黨的「外圍組織」？

永遠的反對者

由於澄社同仁論政的基本立場是「道尊於勢」，在論政時，難免會「樂其道而忘人之勢」，對當政者有較多的批評。然而，這樣的批評絕非出自惡意，也不是針對國民黨而發。任何人執政，都可能遭受澄社社員較多的監督和批評。今天國民黨執政，所以澄社對國民黨有較多的批評。有朝一日，如果民進黨變成執政黨，澄社作風，亦復如是。對於任何的執政黨，澄社是永遠的反對者。這是澄社的基本性格。如果澄社喪失這點性格，澄社便不再是澄社，澄社也沒有任何再繼續存在的價值。

不瞭解澄社之基本性格者，沒有資格論斷澄社的道德。在澄社同仁的心目裡，沒有永恆的權力，祇有永恆的眞理。我們明白：走在任何一個時代，擁抱眞理的人永遠是寂寞的，可是澄社同仁卻自信還有一份淡然處之的能耐。這番肺腑之言，關副祕書長不知是信也不信？

十二月二十七日，關中辭去國民黨中央委員會副祕書長之職。後來澄社成員因統獨立場不同，而對修憲問題發生爭議，我也離開了澄社。

推動台灣的教育重建

在我看來，解嚴之後，台灣的政黨因為統獨立場的不同，而劃分成「泛藍」與「泛綠」。這是台灣民主政治最不幸的發展。在這樣的政治結構之下，人們很難對各種公共政策作理性的辯論，搞到最後是「立場決定是非」，政客們為了鞏固自己的權力，不惜拿國家長遠的利益作為代價，競相提出諸如「多元」、「鬆綁」、「自由」之類的「媚俗」口號，來討好選民。民主政治異化成為「民粹主義」，整個台灣社會也日趨沉淪。

在我來看，台灣的中間選民如果沒有培養出理性判斷的能力，無法以專業知識來判斷公共政策的得失，台灣民主的未來是不會有希望的。十年教改的經驗，就是一個非常慘痛的經驗。然而，〈教改萬言書〉發表之後，從教改集團的反應來看，他們是絕不會認錯的，他們依附在當權者的周圍，「人還在，心不死」，堅持「教改沒有失敗，只是尚未成功」，還要延續以往的教改政策，推出「新五年教改計畫」，包括十二年國教。

在「重建教育連線」的立場來看，台灣的教育目前所需要的不是在推出更多的教改計畫，而是徹底檢討過去十年教改的問題，跟過去的十年教改劃清界限，並鼓勵教師們站出來，在新的哲學基礎之上，以自己的專業，一起推動教育重建的工作。

爲台灣的教育發展

八月五日，在「重建教育連線」發起人會議上，我很清楚地表明我的基本立場，大家都同意：將來應當把「重建教育連線」發展成一個以網站作爲聯絡中心的柔性組織，長期推動台灣的教育重建工作。八月十二日，我到國立台灣師範大學教育研究中心參加「台灣教育發展新方向研討會」的籌備工作。我很清楚地告訴他們：現在是教育工作者站出來的時候了。在過去時教改的規畫階段，教育工作者被看做是「保守勢力」的「支持者」，而排除在外；在推行教改的過程裡，教育工作者被當作是「改革的對象」；教改失敗之後，教育工作者發出不滿之聲，又立即被戴上「二軍」的帽子。「難道天公還箝恨口，不許長吁一兩聲？」在這樣的狀況下，教育工作者再不站出來，不爲台灣的教育發聲，老實說，我眞的看不出來：台灣教育的未來在哪裡？

在民粹主義的狂潮之下，我們或許無法改變台灣的政治；但只要教育工作者覺醒過來，我們一定可以重建台灣的教育。如果您同意我們的觀點，請上網連署，參加我們的「重建教育連線」！

網址：http://www.highqualityeducation.com/

（附錄）

「終結教改亂象，追求優質教育」全民連署行動

重建教育宣言

壹、前言

解嚴之後，十多年來，在教改大旗的揮舞下，國內教育生態丕變。從表面上看，校舍似乎變得更華麗了，設備儀器更新穎了，校園民主和多元化也更受重視了。然而，只要進入各級學校中，便可以一眼看出：在華麗的教改口號下，從上而下的一連串教育政策，由外到裡的一波波教育改革，讓原本平靜的校園忙碌不堪。然而，由於教改運動者提出的理念似是而非，大多數教師不能認同，再加上溝通不足與配套措施不夠，許多教育工作者只能在「忙、茫、盲」中度過。至於教育素質是不是因而提升？學生程度是不是一年比一年好？老師和家長的經驗和感覺都是相反的。十多年來，投資了難以計數的經費，動員了全國教育人員，弄得家長和學生目眩神迷的教改行動，其「成效」究竟如何？很少有人說得清楚，因爲這些教改成效從來都沒有人去追蹤評估，甚至在推行之初也沒有任何對照組加以比較。可是，一波又一波的「改革」仍然持續在進行……。

「教改」原本只是一種「教育手段」，十幾年來的教改行動反倒把「手段」變成了「目的」，結果「教改」被神聖化了，教改運動好像是爲「教改」而「教改」，教育的本質與目標反倒受到了忽略。前教育部長曾志朗提過：「無論九年一貫過程或者多元入學，這些體制上的改革並非教改的核心，它們都只是在建立一個『良善的教育環境架構』。而教改的眞正核心應該在於塑造學生的精神面貌，它的思考在於我們到底要『培育』出什麼樣的學生？」換言之，今天不論是政府高層也好，教改人士也罷，都沒有眞正掌握到教改問題的核心，也欠缺貼近教育本質與目標的敏感度，更缺乏對於國內教育生態的眞正理解，他們最大的謬誤，便是企圖以政治的手段，動用政府的行政力量，以爲就可以解決國內的教育問題。這樣的思維方式正是戕害教育精神的主要禍首！

因爲教育上「與人爲善」的本質被忽略了，所以在教改的過程中，當權者以爲只要上級命令下來，基層師生就可以落實下去；只要政策「正確」，無需辯論、試辦，甚至追蹤檢討，便可以「九年一貫」下去。以爲只要有「永不回頭」的勇氣和「勢在必行」的信心，就可以讓教改成功。在一道道令人眼花撩亂的教改方案中，開啓學生的想像力、培養學生創造力、鼓舞學生積極向上的教育目的，都不斷地異化變質，現在不但孩子們對這些「教改大餐」消化不良，教師們原有的優勢不被看重，連專家們都感到焦慮不安，因爲他們自己的小孩也已經成爲教改的「白老鼠」！教改的問題到底出在哪裡？

貳、拆穿教改的迷霧

廣設高中大學、消滅明星高中、高中多元入學、九年一貫課程，這一系列教改方案推行所以會弄得問題叢生，主要關鍵在於它們都是以「打倒升學主義、減輕升學壓力」作爲首要考量，而不是「追求優質教學」作爲首要考量；走的是「普及教育」的群眾路線，而不是「優質教育」的路線。在政治解嚴的時代，教改運動者叫出的口號是「反集權、反權威」，所以課程要鬆綁、開放教科書、鼓勵老師自創教材；他們顯示出的精神是「反專業、反知識本位」，認爲：知識是心靈宰制的工具，「我們不如拋開書本看雲去」！所以要大幅刪減課程內容，減少教學時數，即使學生程度大幅滑落也在所不惜。

然而，「快樂學習」、「把每一個人帶上來」、「校校是明星，人人是英才」，教改運動中出現的這許多美麗口號，本質上都是民粹主義式的，都違反了「因材施教」的教育原則，也沒有講求品質的配套措施；能夠動員群眾的「改革」（或「革命」）熱忱，卻注定要製造出更多的社會問題。今天我們要想撥亂反正，解決這些難題，一定要先消除教改運動散播出來的迷霧，看清楚當前教育難題的關鍵所在：

一、自願就學方案

今天教改的前身，是民國七十九年開始實施的「國中生自願就學輔導方案」。民國五十七年實施九年國教之後，由於國中合格師資大量不足，各國中在升高中的競爭壓力下，不得不採取能力分班的方式，將學生分成「升學班」和「放牛班」。大部分學校對放牛班學生採取放牛吃草的方式，使這些學生形同被棄的孤兒，得不到教育的愛與關懷，因而自暴自棄，對社會造成莫大的困擾。雖然教育當局三令五申，規定國中必須常態分班，學校方面仍然我行我素。因此教育部推出國中生自願就學輔導方案，以班級常模固定配額五分制的計分方式，作爲升學排序的唯一依據。

常態分班將學習能力不同的學生聚集於一堂，不僅造成老師教學的困難，更糟糕的是：在班級內各等第固定配額的限制之下，低成就學生即使成績有進步，他們在班上的排序，依然無法得到等第的進步，成爲所謂的「班後段」。由於自願就學必須採取三年成績，有些人乾脆在國二階段就提早放棄學習。本來自願就學方案是希望讓社經地位較低的學生，也能得到公平的教育資源，但是這樣的制度設計，反倒使他們在常態班中，成爲忠實的墊底者。

「反對能力分班」立意固然在於去除「前段班」及「後段班」的標籤傷害，不讓學童過早被定型或放棄；但是在班班都有前後段學生下，更應有精細的教育設計，把學習較落後的孩子帶上來，也讓資質超前的孩子有向前發展的機會。政府教育部門最重要的職責是把握「因材施教」的原則，設計一個教育制度，讓天賦不同的學生能夠適材適所，充分發揮自己的潛能。最好的辦法是在常態編班的原則下，配合「學科能力分班」（是依個別學科，而不是過去整班式的能力分班），例如英、數等課程，應分出若干等級，並隨年級增加而增加選修科目，讓能力和學習速度不同的學生，各有適合他們的課程可上，有不同的考卷可考。這樣一來，既可打破「後段班」的標籤，也不會出現被老師視爲包袱的「班後段」，眞正落實「因材施教」的理想。這種作法，已經有學校在實施，也證實有其可行性。

要實施「學科能力分班」，現行的教學方式並不必作大幅度的調整。如果我們要解決「後段班」或「班後段」的問題，就必須往這個方向努力。「自願升學方案」跟這樣的方向背道而馳，違背了教育原則，實施十三年之後，終於在民國九十二年正式走入歷史。遺憾的是：我們的教育部門並沒有從這件事中學到任何教訓，反倒在教改者的推波助瀾之下，繼續推出一系列民粹式的教育改革方案。

二、建構式數學

教改的「起身炮」，是建構式數學。建構式數學從民國八十二年起開始推動。民國八十五年，在未經審慎評估的情況下，便決定全國推行。基層教師認爲這種教學法在教學現場不適用，「教改小組」和教育部卻仍然一意孤行。

這種「化簡爲繁」且獨尊一家並未成熟的教學法，不僅違背了建構教學的「多元」精神，而且導致學生數學演算能力大幅降低。建構式數學實施六年之後，接受新教法的第一屆學生已經升上了國一。在國人一片反彈的聲浪中，黃榮村部長也不得不宣布：九年一貫課程不再強調「建構式數學」，以平撫家長的情緒。可是，這種把全國中小學生當白老鼠的作法，已經使學生和家長付出了多少代價？誰來彌補這樣的損失？

三、九年一貫課程

九年一貫課程是教改的主軸。和傳統舊課程分科數學的最大不同之處，在於九年一貫新課程，改採「七大學習領域」，包括「語文」、「健康與體育」、「數學」、「社會」、「藝術與人文」、「自然與生活科技」、「綜合活動」。教改團體宣稱：九年一貫課程不再強調孩子的成績與分數，而是希望孩子具備「生活能力」；能夠適性發展，成爲一個健全的人，而不是考試的機器。乍聽之下，這樣的目標確實十分「美好」。然而七大領域時數均等的設計，稀釋了國民最基本基本的「讀、寫、算」能力之學習。這種設計，能夠達到提升國民素質的教育目標嗎？

九年一貫課程涵蓋了國小到國中全部的教學內容，按理說，要推行這樣的新課程，應當循序漸進，由一年級至九年級，逐年實施，才不會產生課程銜接的問題。然而，因爲教育部好大喜功，在相關配套措施殘缺不全的情況下，就貿然付諸實施，實施的程序更是漫無章法，前年剛由國小一年級開始實行，去年就擴及一、二、四、七年級。其中四、七年級原本學習舊課程，突然改用新課程，學習形態驟然改變，不僅造成適應上的困難，而且課程內容銜接不上，更產生了教學上的障礙。

九年一貫課程中所謂的「課程統整」，其實是把各種專家學者所能想到的學科內容，譬如：資訊、環境、兩性、人權、生涯發展、家政等六大議題，以及各種「政治正確」的符碼，都融入「七大領域」的課程之中，成為台灣國民教育課程的一部分。台灣的小學生除了原本就存在的數學、自然與社會課外，還得學會母語、國語和英語。目前英語教學由小五提前到小三施教，母語教學由小三提前到小一；小學階段就得學習三種拼音系統。面臨強大的學習壓力，小學生的書包愈來愈重，他們還「快樂」得起來嗎？

四、「一綱多本」的教科書

為因應民間教育改革對本土化及自由化的要求，民國七十八年（一九八九）後，政府開始推行教科書鬆綁的政策。從民國八十五年起，國中小教科書由「統編本」改為「審定本」。過去國立編譯館編輯的「統編本」教科書在正式使用前，都會有一年的試用期，但九年一貫課程的「審定本」教科書，卻未經試用便匆促上路，結果是內容錯誤百出，令人嘆為觀止。

在「一綱多本」的政策下，民間教科書業者推出不同的審定本教科書，比傳統教科書貴了三至四倍。由於教科書版本眾多，在強烈的競爭下，民間業者不得不使出各種手段促銷，各級學校教科書採購過程也不斷傳出弊端。教育部想要用「聯合議價」的方法，壓低教科書價格，書商則以「賣教科書綁參考書」的手法，作爲回應。

家長經濟負擔十分沉重，清寒學生的學習資源更是大爲受限。二〇〇二年間，立法院教育委員會因此通過兩次決議，先則要求教育部：恢復國立編譯館編寫國中小教科書；繼則要求教育部：立即勒令民間業者退出九年一貫國中小教科書市場；這等於是要回到教改前的原點。這樣的要求雖然不盡合理，卻反映出民間對於早日終結「教改亂象」的殷切期望。

五、內容空洞的「統整教學」

在九年一貫課程的施行中，教師必須扮演多種角色，他不但是課程的「設計者」和「執行者」，需要提供學生合適的教材與學習經驗；爲了提升教材的品質，他還必須扮演課程「評鑑者」和「研究者」的角色，經由評鑑、行動研究來改進、更新和創造教材。而在「協同教學」的原則下，教師是「協同者」，必須放棄以往單兵作戰的習慣，與不同專長的教師組成「教學團」，來進行教學。然而，學生眞能因此就學得更好嗎？九年一貫的根本邏輯發生錯誤，中學生的學習與小學生成熟度不同，原本在學習方式上就應有區隔，「貫在一起」產生了「國中被國小化」的問題，造成整體學習效果的遲緩。

對教師而言，更大的問題是：目前大多數教師大多是接受分科的師資養成教育。九年一貫課程要求「包領域」教學，中學理化專長老師同時要教「自然與生活科技」領域內的物理、化學、生物、地球科學等科目；美術專長老師則要教音樂、表演藝術等科目。如果九年一貫新課程眞的有那麼神奇的功效，教育部理應按部就班，一方面在師範院校或教育學程培養合科教學的老師，一方面讓現職老師接受完整的在職訓練，讓他們能夠逐步適應到新制度。然而，教育部不循此途，反倒急功近利，推出一系列未經試教內容又錯誤百出的教科書，強迫他們立刻上陣，當然引起教師的強烈反彈。

「九年一貫現行暫行綱要」強調：「領域教學應以統整、協同教學爲原則。」在教師的強烈反彈之下，教育部立即表示：教育部並不堅持合科或分科教學。所謂協同教學有多種形式，可以由歷史、地理、公民教師組成教學群，進行個別教學、交換教學或循環教學；或由一名老師包一個領域；或是分科式教學，只在學期中或學期末，安排一到數個統整學習主題。

教育部讓步之後，各校通常是選擇不影響升學的綜合活動或健體領域，開始進行「改革」。至於國中基本學力測驗要考的國、英、數、自然、社會五科，仍然是由專科老師分科進行「協同教學」。這種作法，看在「課程專家」的眼裡，又批評是「熱鬧有餘、內涵不足」，過於活動化、流於形式，缺乏知識性的內涵。這八個字，可以說是目前九年一貫教學的最好寫照。

六、多元入學方案

根據教育部的說法，高中（職）多元入學方案的主要精神是發展學校多元特色，啓發學生多元智慧，及升學管道多元選擇；其主要目標就是「帶好每位學生」以及「抒解升學壓力」。然而，教育部現行的多元入學方案能夠達成預期的目標嗎？

就教育原理而言，要解決聯考「一試定終身」的問題，國中在校三年的表現絕對比一次或兩次的國中考試或測驗，更能代表學生的學習成就，更能正確預測高中階段學習的成功機率。可是因為有些家長擔心學生壓力太重，擔心國中教師評分不公，教育部就放棄原來採計在校成績的決定，不管申請、甄選、登記入學，都以國中基本學力測驗作爲主要錄取依據。

基本學力測驗早期發展的目標，是用以瞭解國中畢業的同學是否達到應有的學力水準，性質屬於「資格考」，國中畢業生必須通過這個基本門檻，才有資格申請想念的高中；至於申請所需要的條件，則由各校根據辦學特色，自行訂定。可是因爲多元入學方案不參採在校成績，需有一個客觀的入學標準，基本學力測驗因而搖身一變，成爲具有篩選功能的「鑑別考」。

目前多元入學方案雖然有三種入學管道，但不論是申請入學、甄選入學、登記分發入學，都是以學科基本能力測驗爲主要的入學依據，可以說是「一種考試，多種入學管道」。基本學科不佳的同學，雖然有其他才藝、專長，要想入學還是十分艱難。不僅如此，這種不顧國情、強行移植西方制度的多元入學方案，還造成了許多後遺症。總之，教改過程，未見精細優質的教育改革措施，而公立高中之不足所造成的壓力，也並未因測驗方式的改變有所減輕，反而因過程更複雜而造成學生更大的壓力；教育當局竟會以爲一波波的「測驗改革」就能達到改革目的？

七、補習班的蓬勃發展

由於常態分班將學習速度不同的學生強行聚集於一堂，老師教書的時候，不得不叫「兔子等烏龜」，兼顧程度跟不上的學生，造成學校教學進度緩慢。「一綱多本」的教科書使得各校所用教科書俱不相同，學校老師很難教學生如何因應學力測驗。再加上「多元入學」以國中基本學力測驗作爲主要錄取依據，不採計在校成績；想要進好學校的國中生，不得不求助於補習班，因爲只有補習班才有能力綜合各校不同版本的教科書，才能教學生如何應付學力測驗。結果許多學生一到國三就開始到補習班「隨班附讀」；有些學校的學生在學測之前，甚至會「集體請假」，到補習班「朝七晚十」，全力衝刺。

根據台北市政府的統計，民國八十九年底台北市立案之公私立短期補習班計有一二五三家，較八十八年底增加六．一九%；其中近八成是爲學生升學而設的文理補習班。八十九年中小學生參加校外補習比率爲五十五．一四%，較八十八年提高〇．六四個百分點，其中以國中生之六十七．九六%補習比率最高；平均每週補習五．九三小時，亦較上年增加〇．一七小時。補習項目國小以「外語」爲主，國中以上則以「功課」爲主。教育改革促成了補習業的蓬勃發展，補習班老闆眞該感謝教改集團「惠我良多」！

《遠見雜誌》在民國九十二年所作的「全國教改大調查」顯示：有四十八％的學生沒有補習。原因不是因爲支持教改，而是因爲他們是中低收入家庭子女，沒錢交補習費，無法跟上教改所造成的補習風潮。「多元入學」變成了「多錢入學」，九年一貫下來，不僅貧富落差加大了，城鄉差距也變大了。這種搞法，看在家長眼裡，能不憂心萬分嗎？

八、學校教師的退休潮

補習班的蓬勃發展，象徵著學校教學功能的衰徵。可是，在多元入學方案的要求下，學校又必須要發展其他的功能。爲了要讓學生具有多方面的才藝，老師不得不配合家長，替學生製造各種表現機會。有些國中爲了使學業成績好的同學符合推甄條件，就想盡各種辦法，給學生「發獎狀」。有些學校從國二開始，就讓學生輪流擔任幹部，而且設置各科「小老師」，到了國三上學期，一班三十多位同學都有一學期以上的幹部紀錄。

當然，在商業利益的趨使之下，這樣的功能也不是不可以取代的。有些補習班爲了因應多元入學，甚至推出「推甄考前衝刺班」、「推甄保證班」，而且還可以協助學生，取得推甄資格的證明。例如與里長、社區社團合作，爲學生取得公共服務的紀錄。

學校的教學功能逐漸喪失，教改花招層出不窮，教師們在疲於奔命之餘，一方面痛心職業尊嚴喪失殆盡，一方面又擔心政府財政日益艱難，勢必要逐步縮減公教人員福利，於是紛紛申請辦理退休。目前台灣各縣市教師都湧現了前所未有的退休潮，去年全台灣教師退休人數已經達到創記錄的九千人，是一九九七年的兩倍之多！

我們的教改領導者聽到社會各界對教改亂象的抱怨時，他的標準說詞是：「教育行政單位執行不徹底」、「家長觀念跟不上」、「教師努力不夠」！難道教改推動者對這些亂象一點責任都沒有嗎？

九、師資培育與流浪教師

在教改人士教育「自由化、市場化」的口號引導之下，開放師資培育管道多元化，也成爲當年「教改」的重點之一，其本意是要讓更多大學培育師資，中小學校可從中選出較優秀老師。起初教育部只讓台大、清大等二十所名校設國中教育學程。由於開班門檻低，僅要相關專任師資三名，及必要圖書儀器若干，即可開辦。民國八十八年到九十年間，在立委民代關說壓力之下，教育部也一再棄守。在缺乏有效管理的情況下，設教育學程成了不少大學「招生」的新賣點，目前大約有八十所大學（含現有師範院校）開設教育學程，其中包括不少技術學院。技術學院不培育高職老師，反倒一起搶食已經擁擠不堪的師資市場，教育部竟然也准予辦理！

根據統計，自民國八十四年到目前爲止，全國修習教育學程的人數約有三萬五千人，而師範院校畢業生約有九萬人，合計共有十二萬五千人，但由八十四年到目前爲止，教師缺額卻只有三萬多人，加上老師退休困難，阻礙師資流動，估計這八年來，全國約有近十萬名教師無法如願進入校園。

在實施師資多元化政策之後，政府授權各校自行辦理教師甄試，各校強調「有特色」的自主教師甄試，但是黑箱作業、內定關說的傳聞也從未間斷。近兩年來，教師甄試的競爭更呈現白熱化，許多考不上正式職的準老師，每學期「逐校」考代課職，苦悶之餘，只有以「流浪教師」自嘲。想退休的老師無法退休；想找工作的準教師，又找不到教職，請問：心中充滿了挫折感的老師，能夠締造出快樂的學習環境嗎？

十、消滅明星高中

「廣設高中大學」和「消滅明星高中」是教改者喊出來的兩個口號。他們認爲：高中、大學數目太少，迫使學生要一窩蜂地去擠聯考窄門，是造成學生升學壓力的主要原因；尤其是明星高中的升學率太高，公立大學的入學名額都被他們搶走，更是「升學主義」的罪魁禍首。因此，以爲只要廣設高中大學，消滅明星高中，讓「人人有書讀」，「人人上大學」，升學壓力自然迎刃而解。但是問題核心是，教育的品質並未在數量的擴張下，獲得品質提升的保證。

現代資本主義社會最基本的價值觀是：「天下沒有白吃的午餐」，「一分努力，一分收穫」，學生努力想考上一所好高中、好大學；教師努力要把書教好，到底有什麼不對？

我們必須強調的是：國中小教育是必要的義務基礎教育，大學高等教育是分科的選擇性專業教育，高中教育則是緩衝的調整期教育；而高中階段的教育方式才是教改成敗的關鍵。在高中階段，西方科技先進國家如以色列，都會提供學生不同深淺程度的教材版本。學生可以依「個人學習能力」，選修適合或挑戰自己能力的版本，其中包括大學水準的進階課程。提供學生「挑戰自己能力以激發其潛能」，這就是東西方教育的根本差異之處。國內的教改口口聲聲要「消滅明星高中」，採行「扁平化教育理念」，其實只是「強迫學生在澡盆裡舉行游泳比賽」而已！這種搞法，到底是要提高，還是要降低學生程度？

十一、廢除高職？

在「廣設高中大學」的原則之下，教改集團的另一個主張是「廢除高職」。高職教育是我國技職體系的一環，其課程以基層的生產技能或管理方面的實務訓練爲主，著重於培養學生一技之長，使其能迅速融入就業市場，並提供社會對基層技術人員的需求。長期以來，台灣國中生畢業之後，升學者約有五成進入高職或五專。

近年來，因爲台灣產業轉型，高職訓練不符就業市場需求，高職畢業生就業市場萎縮，許多高職生只好選擇繼續升學。在這種情況下，教育單位應把握因材施教的原則，編列適合技職體系的基礎學科教材，一方面建立技職教育體系的升學管道，一方面針對產業界的需求，加強就業導向的技術訓練課程，建立證照制度，以「重視學力」取代「學位至上」的價值觀。

然而，我們的教改領導者卻將高職教育稱為「黑手技術」，批評高職生的英文、數學、理化等學科基礎訓練十分脆弱，認為要解決高科技產業缺乏人才的問題，應「讓高職成為歷史名詞」，造成技職教育界一片嘩然。教改領導者才又連忙解釋：他並不主張全面廢除高職，也不代表他不重視高職教育，而是目前台灣的高中學校數目不夠，許多國中生畢業後無法進入普通高中，只好轉從高職體系升學，所以政府應該普設高中，縮減高職學校到百分之十左右，讓眞正喜歡動手的人去學好技術。

在教改人士的主導之下，九十一學年度，職業學校已經從原先的兩百零三校，遞減為一百零七校，高職轉型試辦的綜合高中合計有一百四十三所，其中全校辦理的有三十六所。所謂綜合高中，採行「高一統整，高二試探，高三分流」的政策，高一修習基本能力，高二後才開始學習專業科目。然而，綜合高中通常只能招收到中等素質的學生，要求他們雙向學習、多方試探，結果是「兩頭落空」，普通科目不如高中生，技能科目又不如高職生。可是，他們之中大多數人都必須跟高中生一起去參加升學競爭。這會造成什麼樣的結果呢？

大家都升學，結果是造成國內產業基層人力的嚴重不足。根據經建會提出的「新世紀人力發展方案」，從九十至九十三年，我國平均每年不足人力達三十一萬五千人，其中高級管理人力短缺五萬兩千人，基層人力不足二十八萬七千人，中級人力則過剩兩萬四千人。中級人力過剩是高等教育大幅擴充的結果；基層人力的嚴重不足，則不能不歸功於教改人士「廢除高職」的用心良苦！

十二、廣設高中大學

在「廣設高中大學」的口號之下，教改的最大成就是使台灣的四年制大學院校，由七十九學年度的四十六所增加至九十學年度的一三五所，成長近三倍；學生數由原先的五十七萬多人增加到一一〇萬多人，成長近兩倍。今年教育部公布的資料顯示，明年台灣的大學錄取率估計將達一一〇%，二〇〇五年達一一七%，二〇〇六年達一二七%，這意味著大學提供的就學名額比報考大學的考生名額還要多，達成了教改人士「人人念大學」的理想。

然而，「人人念大學」的夢想成眞之後，升學競爭是不是就此消除了呢？在教改口號指引之下，教育部放任大專院校拼命改制擴張，很多師資和設備都不夠水準的專科學校，教育部卻仍然讓他們升格爲技術學院，再升格爲大學。在這種「換牌改制」政策下所成立的大學，一流的專科學校變成了三流的大學，技職體系失掉了以往實務導向的特色，培育出來的人才跟產業界的需求有極大的落差。這樣的大學，會是學生優先想進入的學校嗎？

由於大學數量與學生人數快速增加，政府對高等教育經費補助也相對減少，目前我國政府每年對每名大學生補助的教育經費，在公立大學逐年遞減爲十九萬元，在私立大學學生則爲十二萬五千元。在財政困難的壓力下，政府一面縮減高等教育的補助，一面又鬆綁學費政策，使得國立和私立大學，都走向高學費的道路。目前台灣公立大學一年學雜費約兩萬九千元，而私立大學則爲八萬五千元；在「投資／收益」相差如此懸殊的情況下，請問學生會選擇什麼樣的大學？現在的高中生不是沒有大學可以念，而是愈來愈多的人念不起大學。既然爭取「質優價廉」的教育機會是人性之常，請問高中生會不會感受到升學競爭的壓力？他們會不會放棄「升學主義」？

高等教育經費緊縮，意味著大學教育品質的下降。據統計，東京大學學生每人每年從日本政府獲得折合約兩百萬台幣的教育資源，香港也有九十到一百萬元；韓國國民所得僅台灣的三分之二，每名大學生也有三十六至四十萬；台灣卻不到十四萬元。這種「低成本」教育出來的學生，會有「國際競爭力」嗎？根據行政院主計處的統計，最近三年來，大學生「畢業即失業」的情況相當普遍，目前還有超過一半的大學畢業生找不到工作，去年的應屆畢業生中有七成的人失業。十年教改，究竟是使台灣「向上提升」，還是「向下沉淪」？

十三、教授治校

在教改集團當年提出的眾多口號之中，「教授治校」是最具民粹精神的一個。根據推動者的說法，「教授治校」是使一所大學成爲一流大學的重要條件，美國一流大學的「教授治校」都做得很徹底，所以我們也應當努力效法，大力推行「教授治校」。在教改人士的極力鼓吹之下，所謂「教授治校」，也是眾多教改理念中執行得最爲徹底的一個。「橘逾淮而爲枳」，幾年下來，「教授治校」不但沒有使台灣的任何一所大學成爲一流大學，反倒使大學校園的學術風氣更爲惡化。在「教授治校」的口號下，每到學校行政主管改選期間，許多不學有術的教授便紛紛結幫成派，將社會惡質的選舉文化帶入校園，用盡各種手段，爭取各種行政資源。結果是「校長政治化，教授派系化，職員騎牆化」，台灣學術界也呈現出「有山頭而無學派」的怪異景象。

經過幾年的「教授治校」，當年的教改倡議者已經變成教改運動最大的既得利益階級。現在再回頭看他們賴以起家的「教授治校」，怎麼看，就覺得怎麼不順眼。因此，他們決定修改大學法，改弦易轍，推行「大學行政法人化」，企圖把公立大學的權力收攬在教育部：以董事會取代校務會議，成爲學校最高決策機關；董事會成員一半由教育部指派，並擴大教育部對大學監督管理的權限；在大學秩序與安全遭受嚴重侵害時時，教育部得隨時關閉大學。

教育部的「構想」傳出之後，又引起了社會輿論的強烈撻伐。大學應當是社會的良心。教育當局對「教改」引起的許多問題束手無策，反倒出爾反爾，要將「關閉大學」法制化！由一個極端擺向另一個極端，所謂的「教改理念」是何等地矛盾與錯亂？

參、我們的訴求

自從四一〇教改運動喊出四大訴求，自由派人士標舉「國家退出，市場介入」的口號，在各方壓力之下，一九九四年九月二十一日，政府在體制外成立了「教育改革審議委員會」，十年來的教改措施，大多是假借「自由」、「鬆綁」之名，沒有經過理性的辯論與評估，即貿然實施，導致利益集團的黑手乘機介入。近十年來，所謂的「教育改革」，不但教師疲於奔命，學生一片茫然，家長的負擔急遽上昇，教育品質也持續下滑。在教改問題弊病叢生之際，教育部和教改人士互推責任，教改領導者再把責任推給家長和老師，爲責任政治作了最壞的榜樣！

去年九月二十八日的十萬教師大遊行，已經表達出教育界對教師尊嚴一再受損的強烈不滿。然而，教育部對其「不負責任」的操作手法卻洋洋自得，最近又在體制外成立了「大學教育審議委員會」，由教改領導擔任召集人，掌握數百億的大學教育預算，卻以「避免政治干預」作爲藉口，可以不受立法院的監督！基於十年教改的慘痛教訓，我們認爲：教育是攸關國家命脈的公共事務，不能繼續聽憑少數人士肆意操控！

爲了避免台灣教育繼續往下沉淪，今天我們要沉痛地作出以下四點訴求：

一、檢討十年教改、終結政策亂象

近十年來，教改集團每年推出的教改方案五花八門，讓許多基層的教師與學生在茫、盲與忙中度過，大家只看到教改方案一件接著一件地推出，但不是沒有事先的評估，就是沒有先行試辦，否則就是沒有對應的評鑑制度，以及檢討機制，作爲改進的依據。爲了抒緩教改帶來的不安與動盪，我們在此誠摯地呼籲社會：不要再把「教改」神聖化，大家一起努力，深入檢討十年教改的理念與實踐之落差，終結「教改」所造成的亂象！也建議教育當局：不要忙著再推出任何新的教改方案，請先釐清問題，誠實面對問題，以免製造出更多問題！

二、透明教育決策、尊重專業智慧

目前的教改措施，無論是課程、教材、教科書、或考試制度，大多是想到就做，決策倉促，不惜把學生當白老鼠，貿然實施。教育爲百年大計，任何改革都是牽一髮而動全身，決策過程中不但要有透明的資訊、廣泛的參與、各學科專業的尊重、不同意見的包容，更要有檢視平衡的機制，避免少數人的專斷。教育主管機構必須「謀定而後動」，不盲動，不躁進；任何新的教育措施必須經過細膩完整的規畫、試驗或評估，才能全面推行。施行期間，仍然要有評鑑制度，以及獨立的檢視平衡機制，以求不斷的修正改進。

三、照顧弱勢學生、維護社會正義

許多證據顯示，近年來的多元入學、英語教學、甚至九年一貫的課程淺化所造成的補教業趁虛而入，已經加大了學習強勢與弱勢的差距，在當前經濟變遷的衝擊之下，台灣社會中的貧富差距正在迅速擴大，塑造出「台灣的兩個世界」。而「教改」正是促成這種現象的幫凶！我們認爲：在國民教育中保障每一個人的受教權及保護弱勢群體是政府責無旁貸的任務。未來的教育調整，必須特別照顧弱勢學習者，在「因材施教」的原則下，採取積極措施，讓所有人都能獲得優質的教育機會，以促進社會的流動、維護社會正義、提昇國家競爭力。

四、追求優質教育、提振學習樂趣

優質的人力是台灣最可貴的資源，是台灣賴以生存的核心力量，也是永續發展的唯一保障。十年教改，已經對台灣人才的素質造成了莫大的傷害，教師不能安心教書，學生無法全心學習。體制內教育品質的弱化，造成體制外補教業的興盛。爲了重建教育環境，我們必須徹底揚棄那些似是而非的民粹式口號，重新肯定「一分耕耘，一分收穫」的價值觀，以追求平等而優質的教育作爲目標，逐步調整現行的教育體制。學習的樂趣，通常不會停留在熱鬧而又空泛的活動，而是來自於內在的充實與自我能力的提升。因此，教育機制的設計，應著重於提供不同程度的學習機會，照顧學習速度不同的學生，使所有學生都有機會能依個人學習能力，挑戰自我，向上提昇，重振學習樂趣。

優質教育的目標，在於讓每一個學生能夠發揮潛能，也讓努力教學的老師能夠獲得應有的尊重。我們必須強調：教育的主體是教師和學生，而不是那些自以爲全知全能的教改人士。沒有尊嚴的老師，絕不可能締造出快樂的學習環境；沒有反省能力的社會，也注定要繼續往下沉淪。我們不容許任何人一再損傷教師尊嚴，我們也不願意看到我們的社會繼續往下沉淪。執政當局，務請三復斯言！

Canon 4

教改錯在哪裡？——我的陽謀

作　者	黃光國
總編輯	初安民
責任編輯	陳思妤
美術編輯	許秋山
校　對	陳思妤　黃光國

發行人	張書銘
出　版	**INK**印刻出版有限公司 台北縣中和市中正路800號13樓之3 電話：02-22281626 傳真：02-22281598 e-mail：ink.book@msa.hinet.net
法律顧問	漢全國際法律事務所 林春金律師

總經銷	成陽出版股份有限公司 訂購電話：03-3589000 訂購傳真：03-3581688 http：//www.sudu.cc
郵政劃撥	19000691 成陽出版股份有限公司
印　刷	海王印刷事業股份有限公司

出版日期	2003年9月 初版

ISBN 986-7810-65-1

定價　200元

K INK INK INK INK INK INK IN
INK INK INK INK INK INK INK
K INK INK INK INK INK INK IN
INK INK INK INK INK INK INK
K INK INK INK INK INK INK IN
INK INK INK INK INK INK INK
K INK INK INK INK INK INK IN
INK INK INK INK INK INK INK
K INK INK INK INK INK INK IN
INK INK INK INK INK INK INK
K INK INK INK INK INK INK IN
INK INK INK INK INK INK INK
K INK INK INK INK INK INK IN
INK INK INK INK INK INK INK
K INK INK INK INK INK INK IN
INK INK INK INK INK INK INK
K INK INK INK INK INK INK IN
INK INK INK INK INK INK INK
K INK INK INK INK INK INK IN
INK INK INK INK INK INK INK
K INK INK INK INK INK INK IN
INK INK INK INK INK INK INK
K INK INK INK INK INK INK IN
INK INK INK INK INK INK INK
K INK INK INK INK INK INK IN
INK INK INK INK INK INK INK
K INK INK INK INK INK INK IN